JN495504

이 책은 '2025 NEW BOOK 프로젝트— 협성문화재단이
당신의 책을 만들어드립니다' 선정작입니다.

정원, 뜻밖의 여정

정원사, 선우

정원, 뜻밖의 여정

시작하며

꼬마 가드너는 고양이로소이다

고양이의 추천사

안녕하시냥. 난 이 동네 대장 고양이다냥. 내 놀이터, 이제 '정원'이 된 곳을 소개하고 싶어서 왔다냥! 여긴 우리 할아버지의 할아버지의 할아버지 때쯤엔 예쁜 정원이었다고 들었다냥. 하지만 우리 할아버지 말로는 10년 동안 – 인간들 말로는 빌린 집이라 – 아무도 돌보지 않았다냥. 흙에 뒹굴기에는 인간들은 너무 바빴거든. 그래서 내 놀이터가 됐다냥. 호호홋! 그래서 몸을 숨기기도 좋았단 말이지! 야아옹.

사실 밥 주는 데는 따로 두 군데나 있고 – 에헴, 빵 같은 내 몸매 비결이지, 홋홋! – 여기는 그냥 쉬는 곳이었다냥. 난 동네에서 제일 인기냥이라 가끔은 이런 한적한 곳에 혼자 쉬러 온다냥. 그런데, 이번 이사 온 인간들은 평소랑 달랐다냥. 뚝딱뚝딱 계속 시끄럽게 굴더니, 웬 여자 인간이 맨날 와서 풀도 뽑고 쓰레기도 싹 버리더니! 하루는 흙을 뿌리고, 하루는 화분에 있던 나무들을 심지 뭐냥? 인간 말로는 '정원'이라고 한다냥.

잡초 놀이터 때도 좋았는데 싹 치우니 반질반질한 돌 위에 누워 햇볕에 노릇노릇 낮잠 자기 참 좋아졌다냥. 모래도 새로 깔아줘서 다들 탐내는 곳이 됐다냥!

좋은 점은 내가 먼저 와 있으면 귀찮게 굴지 않는다냥. <1번>이랑 <2번>은 다른 집에서 밥을 주는 집사고, <3번>은 여기 정원사 집사다냥. 이번에 <3번>이 여기에 대한 글을 쓴다길래 내 특별히 '추천사'라는 걸 써줬다냥.

참, <3번>은 대체로 규칙은 없다냥. 종일 나올 때도 있고 아예 일주일 내내 코빼기도 안 보일 때가 있다냥. 아무것도 안 하고 멍하니 풀만 보거나, 내키는 대로 여기저기 심기만 한다냥. 뭐, 보는 재미가 있다냥.

아, 그런데, 궁금한 게 있다냥!

얼마 전, 가르마냥이랑 놀러 왔지! 정원 앞에서 시끄럽게 냥냥거려서 <3번>이 바깥으로 나왔다냥. 스윽 보더니, 양푼에 물을 담아줬다냥. 고마웠다냥. 얼마 전 내가 화분 받침의 물을 할짝할짝 먹는 소리를 들더니 그때부터 준다냥. 사실 난 봤다냥. 이 양푼은 꼬마 인간이 갖고 나온 거란 걸. <3번>은 그냥 귀찮아서 두고 갔다냥. 낮잠 자리의 눕혀진 풀도 그대로고, 나름 살기 좋다냥. 헤헷. 참, 이사 온 지 2년째인데 아직 울타리도 아직 안 했다냥.

맞다, 궁금한 게 뭐냐궁? 날 좋을 때 같이 나온 '꼬마 가드너'가 궁금하다냥! 누구냐고? <3번>이 '꼬마 가드너'라고 불렀다냥. 둘이 똑같이 생겼다냥.

궁금한 건, 음, 꼬마 가드너는 좀 신기하다냥. 우리랑 좀 닮았다냥. 내가 좋아하는 경계석 자리에 먼저 앉아 있어서 알았다냥. 풀밭 끄트머리나 자갈길도 좋아한다냥. 종종 만나서 궁금해졌다냥. 이왕 정원이야기 하는 김에 꼬마 가드너 이야기도 같이 해달라고 불렀지! 해줄 거냥? 여튼 <3번>의 정원에 종종 놀러 오셔라냥. 끗.

고양이도 놀러 오는 아파트 1층 정원

안녕하세요. 대장 고양이의 소개를 받은 3번 집사, 정원사입니다. 이곳은 저의 세 번째 정원이자, 첫 야외 정원입니다. 왜 세 번째 정원이냐고요? 찬찬히 알려드릴게요.

첫 번째 정원은 신혼 전셋집이었어요. 10층의 베란다 정원이 제 가드닝의 출발점이었지요. 2014년부터 2년간 살다가 이사했어요. 두 번째 정원은 더 높이 올라갑니다. 2016년 봄 16층 집으로 이사를 갔지요. 그곳은 해가 무척 잘 들어서 식물이 잘 자랐답니다. 저희는 이곳에서 약 7년간 살았습니다. '베란다 정원' 시절이라 하면 첫 번째 정원과 두 번째 정원을 합친 시간을 말합니다.

'정원이'는 같은 해 가을에 태어났지요. 지금은 초등학교 3학년입니다(2025년 기준). 본래 이름은 다릅니다. 이 책에서는 '정원이'라고 부르고 있어요. '정원'은 마당(가든, garden)이고요. '정원이'는 아들이에요. 읽기 전에 이 사실만 아시면 됩니다.

'세 번째 야외 정원에서의 2년'이 이야기의 주무대입니다. 2023년 여름에 이곳에 이사를 왔습니다. 그때 정원이는 초등학교 1학년이었습니다. 학교 전학을 계기로 가까운 곳으로 옮겼지요. 아파트 1층인데 아주 작은 마당이 딸려 있었어요! 버려졌던 마당을 제가 직접 가꾸었답니다!

이곳은 10년 동안 방치되어온 고양이들의 놀이터였어요. 묵은 쓰레기를 치우고, 잡초를 뽑고, 흙을 깔고, 찔레를 심었습니다. 3평(약 9.9m²) 남짓한 작은 땅에서 매일 저만 알 수 있는 변화의 순간들을 선물받았습니다. 꽃이 피고, 새순이 나는 작은 순간이죠. 그때 저는 정말 기뻐요.

매일 조금씩 예뻐지는 정원 이야기가 궁금하신가요? 제가 들려드릴게요! 정원에는 동네 터줏대감 고양이도 놀러 오고, 고양이보다 더 고양이 같은 아이, '정원이'가 살고 있어요.

참, 세 번째 정원에는 울타리가 없답니다. 그래서 경계석을 계단 삼아 내려가면, 바로 산책길로 이어져요. 오디나무랑 살구나무가 바로 옆에 있어요. 그 옆의 산수유나무 아래에는 지압도 할 수 있는 작은 산책길도 있죠. 벚나무도 있어서 봄이면 벚꽃놀이도 가능하죠.

아, 눈이 오면 진짜 멋져요! 정원의 가운데에는 주목나무가 있거든요. 눈이 내리면 정원은 금세 크리스마스 파티장처럼 된답니다. 정말 멋지죠? 저희는 이곳에서 2년째 살고 있어요. 이곳에는 아파트 베란다 정원과는 다른 새로운 이야기들이 가득합니다. 아파트 1층 정원이지만, 산책과 정원의 경계를 넘나드는 뜻밖의 여정에 여러분을 초대할게요!

꼬마 가드너, 정원이

'꼬마 가드너'는 제 아들 '정원이'입니다. 고양이를 닮았다는 이야기에는 저도 공감하지요. 어렸을 때부터 박스 안에 들어가 있기를 좋아했거든요. 지금도 날이 좋으면 산책길 풀밭의 끄트머리에서 오도카니 앉아 지나가는 사람을 바라보곤 해요. 또 적당히 거리를 두면서 천천히 친해지는 것이 비슷해요. 창문 끝에서 하늘을 바라보는 것도 닮았지요. 그 모습을 보면 저는 '고양이 타임'을 갖는다고 말합니다. 그 순간 아이의 뒷모습은 참 평안하지요. 왜 거리를 두냐고요? 갑자기 스윽 들이대면 깜짝 놀라 할퀴는 모습도 꼭 고양이 같았거든요. 정원이도 고양이처럼 자신만의 영역을 중요하게 여기지요. 조금 떨어져 안전하게 있을 공간은 집 말고는 참 찾기 어려웠어요. 떨어져 있어도 늘 지켜봐야 하기 때문이죠. 그래서 이 1층 정원이 저는 무척 마음에 든답니다. 주말이면 저는 잡초를 뽑고 정원이는 거실과 1층 정원을 오가며 논답니다. 문을 열면 거실 라디오에서 음악 소리가 들리죠. 정원이 아빠는 조기를 굽고요. 그 시간은 평소보다 더 천천히 흐르는 것 같아요.

정원이는 '자폐 스펙트럼(ASD, Autism Spectrum Disorders)'을 가졌어요. 의미 있는 말소리를 내는 것을 어려워해서 '무발화'라고도 덧붙여 설명합니다. 정원이는 몸짓, 눈빛, 그리고 AAC(Augmentative and Alternative Communication, 보완대체의사소통)로 세상과 소통합니다. 아직은 걸음마 단계죠. 정원이가 가진 시계는 천천히 흐르고 있습니다. 그 시계에 맞춰가는 과정은 조금 어려웠지요.

혹시, 정원이의 이야기도 궁금하신가요? 그럼 함께 들려드릴게요. 아, 태어나고 자라는 순서로 쓰진 않았어요. 식물을 가꾸고 아이를 키우며 느리게 흘렀던 기억의 흐름에 따라 썼습니다. 이 이야기는 정원이를 키우는 제 이야기이기도 합니다. '자폐'라는 뜻밖의 길모퉁이에서도 우리의 하루도 반짝반짝 빛나고 있답니다. 마치 슬픔 사이사이에 끼워져 있는 소소한 기쁨이 빛을 발하는 순간이지요. 그래서 정원 이야기가 늘 기쁜 것도 아니고, 정원이 이야기가 늘 슬픈 것도 아닙니다. 저희는 삶을 그저 받아들였어요. 그리고 '정원'에서 '정원이'와 '정원사'가 천천히 함께 살아갈 뿐이죠.

저희의 이야기에 귀 기울여주셔서 정말 고맙습니다.

2026년 1월

정원사, 선우璇雨 드림

차례

1장

우리는 아파트 1층 정원에 살아요

버려진 정원,
세 번째 정원으로
태어나다

'정원이'는 16층 정원이 있는 아파트에서 태어났다. 광역시 외곽에 자리한 아파트의 작은 전셋집에서 나는 첫 번째 베란다 정원을 가꾸었다. 식물들은 하루하루 늘어났다. 아이가 태어나기 전 집을 넓혀 이사를 했다. 두 번째 베란다 정원은 하늘이 잘 보이는 높은 곳이었다. 창밖의 풍경은 앞동이라 조금 답답했다.

'창밖에 초록 풍경이 있으면 얼마나 좋을까. 그럼, 더 즐거울 것 같아. 아, 이사 가고 싶다. 확장 안 한 집, 해가 잘 드는 집이면 좋겠어. 창문을 열면 나무가 보이고 마당이 조금이라도 있으면 정말 끝내줄 텐데! 당장 그런 곳에 갈 수는 없겠지. 욕심내지 말자.' 가끔 일일이 물을 줄 때나 해가 드는 자리를 따라 식물을 옮길 때면 투덜대며 상상했다. 힘들었어도 꿈꾸는 것은 자유였으니까.

베란다 놀이터와 느린 엘리베이터

정원이가 어렸을 적, 종종 베란다에서 함께 놀았다. 분갈이할 때 아이는 따라 나와, 자신과 같은 눈높이의 침엽수와 고무나무들 사이를 빗자루로 쓸기도 하고 나뭇잎을 뜯기도 했다. 남서향의 집이라 해도 잘 들었다. 따뜻했고, 고요했으나 가끔 위태로웠다. 언제부터인가 정원이는 창틀에 매달려 하늘을 하염없이 바라보았다. 가슴이 철렁 내려앉았다. 창틀로 갈 수 없도록 겹겹이 화분으로 막아뒀지만 조마조마했다. 눈을 뗄 수 없었다.

"어머, 아기가 아주 예뻐요. 아들이에요? 딸이에요?"

"고마워요. 아들이에요."

아이가 자라는 동안 엘리베이터에서 아랫집을 만나면 정중하게 인사했다. 아랫집 아주머니는 아이가 뛴다고 나무란 적이 한 번도 없었지만, 쿵쿵 뛰는 생활이 계속되니 마주칠 때마다 죄송했다. 오래된 아파트였던지라, 새벽에 아이가 우는 소리는 아무리 조심해도 시끄럽기 마련이었다.

"정원이가 말이 늦나 봐, 새댁. 우리 아들도 그랬어. 남자아이들은 종종 그래. 걱정 마."

"그렇게 말씀해주셔서 고맙습니다."

엘리베이터에서 만나는 이웃 사람들은 정원이를 귀여워했고, 또 궁금해했다. 다정한 이야기는 언제나 비슷했다. 갓난아기 때부터 아이를 보아온 익숙한 이웃들이었기에, 괜찮을 거란 말은 혀끝에서 맴돌기만 했다. 정원이가 크게 울면, 배가 고픈지, 머리가 아픈지 알 수 없었다. 첫아이라 잘 모르는 줄로만 알았다. 꼭 아이를 안으며 달랬다. 한 해 한 해 아이가 나이를 먹을수록 이웃들의 인사말은 조금씩 바뀌었다.

"안녕 정원아! 아이고, 아직 말문이 늦는 거야? 엄마가 고생하네. 아는 집 딸이 그러던데 어디 배우러 다닌다더라."

"네, 감사합니다."

'걱정 마세요. 저도 잘 모르겠어요. 묻지 마세요.'

엘리베이터는 여느 때보다 천천히 내려갔다. 그럴 때면 아무도 모르는 곳으로 가고 싶다는 생각이 들었다. 새벽 3시, 잠들지 않고 웃으며 노는 아이를 안고, 울지 않아도 되는 곳으로 가고 싶었다. 내 마음이 편한 그런 곳을 원했다. 그곳이 어디든 좋았다.

정원이가 다섯 살 때였다. 산책하려고 가볍게 집을 나선 날이었다. 마침 엘리베이터 문이 열렸다. 현관문을 닫는 사이에 정원이는 혼자 엘리베이터를 타고 내려갔다. 깜짝 놀라 휘청이듯 계단을 타고 쫓아갔다. 그 무렵 정원이는 '응', '엄마'라고 말하기도 어려웠던 아이였다. 아파트 밖으로 나가면 말하지 못하는 아이를 누가 찾을 수 있을까 싶어 다리가 후들거렸다. 다행히 13층 아주머니가 1층에서 정원이를 알아보고 아이 손을 붙잡고 외쳤다. 얼마 전 엘리베이터에서 정원이에 대해 걱정스레 물었던 분이었다. 멀리서 들려오는 익숙한 목소리에 쪼그려 앉아 안도했다.

"정원이 엄마! 여기요, 내가 데리고 갈게 기다려요!"

나는 이사를 원하면서도 원하지 않았다. 그 무렵, 정원이는 '자폐 스펙트럼'이란 진단을 받았다. 새로운 곳에서 처음부터 아이의 '다름'을 이해받을 용기가 나지 않았다. 이곳은 이웃들이 아이가 커가는 모습을 지켜본 곳이니 괜찮을 것 같았다. 새로운 곳은 낯설고 멀게만 느껴졌으니까.

정원과 정원이, 매일 조금씩 예뻐져요

J동은 우리 가족이 10년간 살면서 아이가 태어나고 자란 익숙한 동네였다. 2023년 3월 정원이가 입학한 J초등학교는 과밀 학교여서 늘 손이 모자랐다. 정원이는 도움반(특수학급)에 입학한 유일한 1학년이었다. 낯선 환경에서 많은 도움이 필요했지만, 도움반에는 2학년 아이들이 많아서 여의치 않았다. 전학을 결심했다. 그러나 특수교육대상자의 전학 과정은 생각보다 복잡했다. 긴 기다림 끝에 소규모의 학교로 옮기기로 했다. 산 밑에 자리한 S초등학교로 가기로 했다.

"정원아, 조심해! 위험해. 멈춰!"

정원이는 16층 베란다 정원에서 하늘을 보는 것을 좋아했다. 새로 전학한 학교는 J동에서 차로 20여 분 거리라서 굳이 이사를 하지 않았다. 그러나 초등학교 1학년인 아이의 키에 비해 베란다 창의 펜스 높이가 점점 낮게 느껴졌다.

"아, 정말 위험하네. 1층으로 이사해야겠어."

"그럼. 학교 근처로 가는 게 낫겠지."

1층이기만 하면 이사하기로 결심하고 집을 보러 갔다. 들어서자마자 초록빛 나무로 가득한 거실 풍경이 펼쳐졌다. 거실 앞에 바로 드나들 수 있는 작은 마당이 딸려 있었다. 이전 주인들이 가꾸지 않아 버려진 정원이었다. 잡초가 무성했다. 계획에 없던 이 작은 땅은 나에게 뜻밖의 선물처럼 느껴졌다. 우리는 뿌리를 내릴 수 있을 것 같았다. 다시, 이곳에서.

"저, 이 집으로 계약하겠습니다!"

4월 내내 학교를 쉬고 5월에 정원이는 S초등학교로 전학했다. 아이는 점차 시간을 늘려가면서 새로운 학교 생활을 익혔다. 등하굣길은 좀처럼 익숙해지지 않았다. 정원이가 태어나고 처음으로 하는 이사였다. 급히 준비를 해야 해서 기존의 집은 시세보다 조금 싸게, 이사할 집은 지금 시세보다 더 주고 사기로 했다. 날짜는 여름방학이 시작하는 7월 말로 결정했다. 아이를 키우는 7년간 모았던 적금을 깼다. 언젠가 필요할 날을 위해 조금씩 모아온 돈이었다. 지금이 그때라 생각했다. 이사 갈 1층집은 오랫동안 전세만 준 집이어서 수리가 꼭 필요했다. 통장의 잔고는 0이 되었지만 더 이상 아이가 위태롭지 않다면 아무래도 좋았다. 이미 예산 초과인 삶이었다. 여기서 공사 비용을 더 얹어도 상관없었다. 새벽에 뛰지 말란 소리만 하지 않으면 숨이 트일 것 같았다. 돈은 다시 모으면 되지만 시간은 돌이킬 수 없으니까.

아이를 등교시키고 난 뒤 하교 시간까지 근처에서 두세 시간씩 기다렸다. 나는 동네를 산책하거나 별로 하는 일 없이 보냈다. 집에 다녀오기에는 시간이 빠듯했다. 마음이 놓이지 않았다. 혹여나 도움반 선생님의 전화가 오면 달려 나가야만 할 것 같았다. 불안한 마음에 기다리는 동안 할 일이 필요했다. 문득 이사 갈 집의 빈 마당이 생각났다. 예산 때문에 공사에서 정원은 제외했었다. 버려진 정원은 잡초가 무성했다. 정글처럼 우거진 풀숲 사이로 노란 고양이가 나를 지켜보고 있었다. 아이를 기다리면서 할 일이 생겼다. 나는 정원을 정리하기로 했다.

공사 현장을 확인하던 어느 날 나는 무작정 제초 가위를 사 왔다. 허리까지 오는 잡초를 힘껏 잘라냈다. 맨손이었지만 괜찮았다. 우거진 풀 아래에 무엇이 있는지 확인하고 싶었다. 바람에 스치는 나뭇잎 소리와 뚝딱거리는 공사 소리를 배경 삼아 베어내고 또 베어냈다. 6월의 태양 아래서 눈이 매울 정도로 땀이 쏟아졌다. 눈물은 아니니 다행이지, 뭐. 잡초와 함께 그간의 힘든 기억들도 하나씩 베어냈다. 잡초 더미가 작은 동산을 이루며 쌓였다. 허리까지 훌쩍 자랐던 잡초를 거두고 나니 옛 정원의 흔적을 발견했다. 동그란 디딤돌이었다.

익숙하지 않은 노동에 손이 계속 떨릴 무렵, 드디어 무엇인가를 발견했다. 가장 안쪽 깊숙한 곳에 꽃이 피어 있었다. 선명한 노란빛의 나리꽃(*Lilium sp.*)을 보았다. 잡초 속에 가려져 피어 있는 줄도 몰랐던 꽃은 단단하게 서 있었다. 아주 씩씩해 보였다. 머리 위에는 환한 햇살이 쏟아져 내리고 있었다. '괜찮아, 힘을 내.'

이내 모든 잡초를 베어냈다. 그리고 남겨진 것은 보물이 아니었다. 쓰레기, 누적된 무심함이었다. 버려진 노란 플라스틱 박스, 윗집에서 던진 아이스크림 봉지, 테이크아웃 커피 컵, 그리고 오래된 담배꽁초들도 있었다. 구석에는 금이 간 화분, 깨진 받침대 조각들이 있었다.

잡초와 쓰레기까지 모두 걷어낸 정원은 드디어 가꾸지 않은 본래 모습을 드러냈다. 생각보다 제법 땅이 넓었다. '정원'이 된 마당을 나만의 작은 세계로 삼기로 했다. 널찍한 빈자리를 좋아하는 식물로 채우는 모습을 그렸다. 정원에서의 새로운 여정이 기대되었다. 내 손으로 땀방울을 흘리며 마련한 아지트였으니까. 7월의 마지막 날 마침내 1층 정원에 도착해 짐을 풀었다.

1층 정원에 뿌리를 내리다

집안의 일들은 언제나 복작거리거나 가끔은 지난(持難)하게 지나갔다. 해도 해도 끝없는 숙제 같은 일들이 매일 새롭게 생겼다. 그러나 정원에 나갈 때만큼은 어떤 걱정이든 모두 집 안에 두었다. 눈앞의 초록 생명을 다듬고 가꾸고 물을 주었다. 그러면 거친 바람 같던 마음이 천천히 잦아들었다. 풀을 뽑고 돌을 고르는 손끝이 갈색으로 그을릴 무렵 가을이 되었다. 더위가 한풀 꺾이고 기분도 파란 하늘 같아졌다.

"여보, 여기서 평생 살 거야?"

"글쎄, 언젠가 이사 가더라도 지금 심고 싶어요. 답답해 보이니까, 일단 심어요."

월동이 가능한 식물들도 화분에서 모두 꺼내 내놓았다. 땅은 딱딱한 맨살을 드러내고 있었다. 기존에 있던 데크는 이미 부식되어 없었다. 큰 공사를 벌이기는 어렵고, 믿을 건 여전히 두 손뿐이었다. 정원이 아빠가 땅을 파주면 내가 식물을 심을 자리를 정했다. 남편은 답답한 마음에 땅이라도 파면 나을 것 같다며 삽질을 자청

했다. 화분에 있었을 때는 제법 커 보이던 식물들이 심고 나니 자연 안에서는 작게 느껴졌다. 좁은 베란다에서 벗어나 이곳에서 함께 자리 잡길 기도했다.

"블루아이스(*Cupressus arizonica 'Blue Ice'*), 설퓨레아(*Cupressus arizonica 'Sulphurea'*), 문글로우(*Juniperus scopulorum 'Moonglow'*), 블루애로우(*Juniperus scopulorum 'Blue Arrow'*), 블루바드(*Chamaecyparis pisifera 'Boulevard'*), 휴케라(*Heuchera sp.*). 모두 모두 잘 크거라."

마법의 주문은 아니었지만, 나에게는 기도와 같은 속삭임이었다. 겨우내 잘 크기를, 그래서 잘 뿌리 내려서 자랄 수 있길 소망했다. 블루아이스와 설퓨레아는 눈에 잘 띄는 곳에, 남천나무(*Nandina domestica*)와 주목나무(*Taxus cuspidata*) 사이엔 블루바드가 자리했다. 나무들 사이에 휴케라를 심으니 만족스러웠다. 언젠가 꿈꾸었던 나만의 정원 풍경이었다. 마음을 담아 땅을 톡톡 두드렸다.

겨우내 뿌리를 내리는 것은 식물도 사람도 쉽지 않았다. 아이는 몸살을 앓았고, 식물들은 영하의 날을 견뎠다. 모두가 땅속에서 숨죽이며 봄을 기다렸다. 이듬해, 찔레(*Rosa multiflora*)가 꽃망울을 터뜨렸다. 봄이 왔다. 지난가을 작은 찔레 모종들을 사 와 여기저기 옮겨보며 어디에 심을지를 궁리했었다. 분홍색 웨딩 찔레, 하얀색 덩굴 찔레, 빨간색 벨벳 찔레 모두 잘 뿌리내렸다. 물을 주는데 정원이가 등을 껴안고 얼굴을 파묻으면서 웃었다. 웃는 모습이 찔레를 닮았다. 있는 그대로 살아가는 모습처럼 너무 반듯하지 않게 자연스러우면서도 조금은 서툰 모습 그대로, 찔레도 아이도 잘 자랐다.

울타리 없는 정원의 산책

봄이 왔다. 정원은 본래의 아름다움을 드러냈다. 아무것도 없는 맨땅인 줄로만 알았는데, 아니었다. 잡초에 가려 보이지 않았던 꽃들이 피었다. 늦은 오후의 햇살에 백리향(*Thymus quinquecostatus*) 꽃이 눈부셨다. 연보랏빛 작은 꽃들은 경계석 틈에 빼곡하게 구름처럼 낮게 깔려 있었다. 정원에서 땀을 흘리고 나면 마음이 차분해졌다.

'조금 쉬어 가도 괜찮아!'

그래, 고마워. 데크가 있던 자리를 천천히 채우기 시작했다. 어떤 날은 자갈도 깔았고, 다음 날에는 경계석을 조금씩 놓았다. 느릿느릿 바꿔나갔다. 새 흙을 깔려고 나갈 때면 정원이도 따라 나왔다. 아이는 흙을 만지며 놀다가 아파트 산책길로 발걸음을 옮겼다. 코밑에 풀잎을 끼우거나 돌에 입을 맞추기도 했다. 맨발로 돌길을 걸었고, 벚꽃잎을 한두 장 뜯어보기도 하면서 천천히 자랐다.

아직 정원에 울타리를 만들지 않았다. 정원 밖 잔디밭도 돌로 된 산책길도 왠지 우리 집 마당처럼 느껴졌다. 발길이 닿는 곳이 곧 정원이 되는 느낌은 아주 특별했다. 3평의 정원은 발걸음에 따라 30평이 되었다가 다시 3평이 되었다.

베란다 정원에서 꿈꾸었을 때는 야외 정원이 무척 낭만적으로 보였다. 그러나 생각보다 쉽지 않았다. 폭염에 녹아버린 모종도 있고, 긴 장마에 애써 키운 찔레꽃잎이 벌레에 먹히기도 했다. 조금만 신경 쓰지 않으면 잡초는 쑥 자랐다. 늘 손길이 필요했다. 갑작스럽게 폭우가 내리기도 하고 바람이 불어 화분이 넘어지기도 했다. 정원에서 나는 아이와 함께 비 온 뒤 젖은 흙냄새를 맡고 잡초를 거두며 비슷하면서도 다른 하루하루를 쌓아갔다. 구름이 걷힌 하늘을 바라보았다. 지상에서 보는 하늘은 멀었지만, 훨씬 멀리까지 볼 수 있었다. 봄바람에 담긴 풀잎의 향은 달았고, 바람에 사각거리는 나뭇잎 소리도 들렸다. 아이의 흙 묻은 손이 따뜻했다. 비로소 켜켜이 쌓이는 내 안의 봄을 발견할 수 있었다.

정원, 예측할 수 없어 사랑스러운 그대

양귀비와 향소국 이야기

정원에 봄이 왔다. 겨우내 희끄무레한 빛이었던 마당에는 작은 연둣빛이 물방울처럼 존재를 드러냈다. 움트고 있던 싹들이 하나 둘 기지개를 켰다. 웅크리고 기다리던 생명들은 캄캄한 땅속에서도 봄의 온도를 알아차렸다. 정원사가 가장 바쁘고 또 두근거리는 계절이 왔다.

매일 오전 봄 햇살을 받으며 조금씩 겨울의 흔적을 거두었다. 겨우내 땅을 덮고 있던 낙엽을 치우니 뜻밖의 손님을 발견했다. 구상나무 아래 빼꼼히 내민 보랏빛 점 하나. 하얀 소매의 짙은 보랏빛 꽃잎이 겹겹이 쌓인 소담한 꽃은 호두알보다 작았다. 지난가을 심지 않았는

데, 무슨 꽃일까. 이 작은 존재의 정체가 궁금해져 가만히 들여다보았다. 기억 끝에 생각난 이름은 장미매발톱(*Aquilegia buergeriana*)! 반가웠다. 주변의 잡초를 뽑아 자리를 마련하고 새 흙을 덮고 토닥였다.

"내게 와줘서 고마워."

봄의 양귀비, 너를 만날 줄은 몰랐지

여느 때처럼 잡초를 뽑다가 연한 청록을 띤 길고 가지런한 잎에 손을 멈추었다. 지난 여름의 샛노란 백합처럼 나에게 기쁨을 안겨줄 것 같았다. 이 작은 싹은 어떤 놀라움을 품었을까 궁금했다. 조심히 주변의 잡초만 뽑고 물을 주었다. 이윽고 쭉 뻗은 꽃대 끝에 레몬빛 봉오리가 맺혔다. 꽃봉오리는 곧 선명한 주황빛으로 피었다. 관상용 꽃양귀비(*Papaver rhoeas*)였다. 양귀비는 찔레를 심어둔 자리에 제멋대로 피어났다. 분홍 사랑초 옆에 하얀 찔레 모종을 나란히 심었다. 거실 창문 아래 피어 있던 달맞이꽃과 함께 자리 잡기를 기대했다. 분홍빛 배경에 스며들듯 흰빛의 꽃이 조용히 어울리는 모습을 상상했다. 그런데 그 사이에 주황의 불꽃 같은 꽃이 피어날 줄은 몰랐다.

양귀비는 그렇게 홀연히 나타났다. 수더분한 '정원사의 삶'에서 선택하지 않았을 화려한 빛. 얼굴도 모르는 옛 주인이 심어둔 꽃이라 어디에서 어떻게 피어날지 예상하지 못했다. 양귀비는 봄부터 초여름까지 피고 지면서 정원에 활기를 더했다. 햇빛에 빛나는 선명한 빛깔의 꽃이 선을 사로잡았다. 심지 않았음에도 피어난 주황빛 꽃의 다채로운 순간을 보며 마음이 두근거렸다.

아이의 '다름'도 그렇게 왔다. 심은 대로 싹이 트지 않기도 하고, 잊고 지낸 자리에서 꽃이 불쑥 피기도 했다. '엄마'라는 두 글자를 오래 기다리며, 정원을 가꾸듯 애쓰며 키웠다. 정원이는 태어나자

마자 뽀얀 얼굴에 옅은 갈색의 머리칼을 갖고 있어 신생아실에서도 한눈에 알아볼 수 있었다. 잘 웃고 잘 먹는 순한 아기였다.

"여보, 언젠가 정원이가 아빠라고 불러줄 날이 기대돼."

그러나 아이는 아빠가 퇴근해도 돌아보지 않았다. 노느라 바쁜 줄 알았다. 각각의 차이인 줄 알았다. 돌이 지나면 어른들은 아이 키우기가 수월해진다는데 정원이를 키우는 것이 무척 버겁게 느껴졌다. 나는 정원이가 까다롭다고만 생각했다. '아이가 불러도 돌아보지 않아요…, 말귀를 못 알아들어요.'에 대한 답들은 '남자아이들은 또래 여자아이들보다 대부분 말이 느리다'부터 '정밀 검사가 필요하다'까지 다양했다. 모든 것이 다 처음 겪는 일이었다. 혼란스러웠다. 힌트는 곳곳에 있었지만 알 수 없었다. 8년 전, '베이비 음악 수업'에서 만난 총총이네 집으로 놀러 갔던 날이었다. 15개월의 정원이는 장난감을 빼앗겨도 이내 다른 것에 관심을 돌렸다.

"정원이 엄마! 총총이가 돌이 지났는데도, 걷는 게 느려서 걱정이야."

"정원이도 말이 늦는걸요, 언니."

"사실 우리 고모 아들이 자폐인데 고모가 무척 노력해서 미술로 대학교를 갔어. 센터도 많이 갔었대. 혹시 몰라 걱정돼서, 매일 공원에 가서 총총이랑 걸음마를 연습했어."

총총이 엄마의 말에 난 아무런 답을 할 수 없었다. 그 당시에는 자폐에 대해서는 들어본 적이 없었다. 혹여나 입밖에 내면 사실이 되어버릴까 봐 겁이 났다.

'순한 아기잖아. 괜찮을 거야. 노력하면 돼. 정원아, 이리 와, 엄마

를 보렴. 내 아가야.'

아이의 탄생과 성장은 부모의 삶을 바꾸어놓았다. 정원이는 고유한 빛을 가진 작은 꽃봉오리였다. 그 시절, 나는 식물을 돌보듯 가만히 지켜보고 기다렸다. 꽃을 피우길 기다리는 것밖에 할 수 없었다. 기대에서 받아들임으로, 때로는 슬프고 아프게 그 시간을 채웠다.

가을의 향소국, 10년 동안 피고 지고 뿌리를 내렸지

향소국(*Chrysanthemum occidentalis*)은 오랜 지기였다. 10층에서 16층 그리고 1층까지, 세 번의 정원을 거칠 때마다 함께 이사했다. J동 베란다 정원 시절에 들인 3천 원짜리 작은 모종은 쑥쑥 자랐다. 향소국은 양껏 햇빛을 들이마시며 탐스러운 하얀 꽃을 피웠다. 정원이가 태어나서 초등학교에 입학할 때까지 바람도 비도 오지 않은 고층 베란다 정원에서 오래오래 예쁘게 피었다. 화분 여럿으로 나누어 지인에게 선물했을 정도로 잘 자랐다. H동의 아파트 1층 야외 정원으로 이사를 온 첫 번째 가을, 바깥에 옮겨 심었다. 마당에 심고 싶었던 꽃 1순위가 향소국이었기에 다가올 겨울은 생각하지 못했다.

이듬해 향소국은 꽃을 피우지 않았다. 계속 뿌리를 내리고 가지를 뻗으며 자신의 정착을 증명하는 한 해를 묵묵히 보냈다. 꽃을 피우는 것도 잊어버리고 열심히 살아냈다. 누가 보지 않아도 묵묵히. 두 번째 가을, 향소국의 희끄무레한 가지 끝에 본래의 힘이 작게 맺

혔다. 1년 만에 풍성해진 가지 끝마다 작은 열매 같은 꽃망울이 매달렸다. 가을의 초입, 한두 송이씩 피어난 꽃은 가을 내내 폭죽이 터지듯 피어났다. 서리가 내려 옅은 녹색의 잎이 가을빛으로 물들 때까지. 꽃봉오리의 흔적은 가지 끝마다 여운을 남겼다. 끝없이 피고 지는 힘은 땅에 있었다. 10년간 향소국을 키우면서 처음으로 만난 강인함이었다. 아름다웠다.

"땅에 심길 잘했어. 정말로."

정원이의 태명은 '뿌리'였다. 정원 가꾸기를 좋아했던 나는 아기가 들어섰을 때부터 많은 것을 꿈꾸지 않았다. 남들보다 높이 날아가기보다 세상에 깊이 자리 잡기를 바랐다. 그것이면 충분하다고 생각했다. 그러나 아이의 다름이 우리 가족의 삶에 스며들기까지는 시간이 필요했다. '조금만 더' 적극적으로 임했으면 하고 후회가 불쑥 떠올랐다. 정원이의 '오늘'이 수월했으면 하는 마음은 언제나 있었다. 지나고 보니 뿌리내림의 속도는 저마다 달랐다. 어떤 식물은 늦게 심었어도 잘 자랐고, 꼭 빨리 심었다고 먼저 피지 않았다.

"이제는 정원이가 말하는 모습을 상상하는 게 낯설어."

향소국이 폭죽처럼 만개하던 날, 정원이 아빠가 말했다. 아이의 성장은 아주 미세했으며 때로 멈춘 듯 보였다. 그래서 늘 하던 대로 익숙한 습관에 머물기도 했다. 오늘 하루를 무사히 보낼 수 있는 것에 안도했다. 보통의 아이들은 눈부시게 성장하면서 요구하고 부모도 그 요구에 숨 가쁘게 맞추며 살아갔지만, 정원이는 달랐다.

오랫동안 아이를 업었다. 이미 업어줄 나이가 한참 지났는데도, 어깨가 아파도 내려놓기 싫었다. 그게 엄마로서의 최선이라 생각했다. 정원이는 조금씩 자랐지만, 엄마인 나는 그 자리에 머물렀다. 익숙해진 역할에서 벗어나 느리게 자라는 아이의 속도에 맞추는 일은 생각보다 어려웠다. 아이를 내려놓고 함께 걷는 것은 용기가 필요했다.

정원이와 나는 발걸음을 맞춰나갔다. 천천히. 작은 성장을 꾸준히 관찰했고, 그 미세한 폭에 맞게 달라지는 법을 배웠다. 우리는 온실이 아닌 바깥의 빛과 비를 고스란히 겪으면서 조금씩 배웠다. 다양한 방법으로 세상 안에서 녹아들어 살아가는 방향을 고민했다. 목표는 '다름'을 안고 살아가는 방식이었다.

"정원아, 우리는 손을 잡고 있지만 각자의 세계에 있어. 엄마는 너의 세계를 이해하고 노력할게. 기적이 아닌 네 삶 그대로를 존중할게. 엄마는 정원이와 함께 찾은 삶의 의미를 세상에 이야기하고 싶어. 정원이도 엄마를 응원해줄래?"

야외 정원은 기대와 달랐다. 어떤 날은 무성하게 자라고 촘촘히 아름다운 꽃들이 가득했고, 어떤 곳은 손대지 않아 돌과 잡초투성이였다. 잘 크던 화초도 벌레를 먹고 누렇게 말라 죽기도 했다. 예상 밖의 일은 언제나 일어났다. 잡초를 아무리 뽑아도 정원은 완벽해지지 않았다.

비가 오든 바람이 불든 정원을 돌보았다. 흙을 갈고 잡초를 거두었고 가지를 잘라냈다. 정원을 가꾸면서 뜻밖의 양귀비처럼 반가운 만남도 있었고, 향소국처럼 꾸준히 내 곁을 지키는 다정한 인연도 있었다. 정원에 놀러 오는 고양이 한 마리를 위해 작은 물그릇을 놓아두었다. 물그릇 안에는 파란 하늘이 담겨 있었다. 하늘은 내 마음처럼 맑았다. 정원은 나만의 것이 아니었다.

나는 느린 시계를 가진 아이를 돌보며 살아가는 법을 배웠다. 낯선 하루의 연속이었다. 완벽하지 않았던 그 여정은 조용했지만 격렬했다. 정원이와 함께하는 삶은 마디마다 기쁨이 있었다. 맑은 날 오후에는 화분에 물을 주다가 그대로 두고 문득 나들이를 가기도 했다. 그럴 때 정원이는 내 손을 꼭 잡았고 기쁘게 웃었다. 따뜻했다. 황금빛 햇살이 아이의 머리칼을 쓰다듬었고, 살랑이는 봄바람은 살굿빛 뺨을 어루만졌다. 서툴고 어린 꽃봉오리는 우리의 삶에 홀연히 나타났고, 저만의 속도로 피어났다. 꽃은 그렇게 천천히, 그러나 단단히 삶에 뿌리를 내리고 있었다.

멜로디 로드 위의 꽃피는 새벽

춥다. 몸이 으스스하다. 또 머리가 아프다. 정원이 아빠에게 아이 재우기를 맡기고 잠을 청한다. 이번 주는 몸이 고단하다. 재활의학과에서 처방받은 약을 삼키고 통증이 희미해질 즈음 겨우 잠이 든다. 누군가 몸을 흔든다. 음? 잠든 지 얼마 되지 않은 것 같은데. 새벽 3시. 아이가 고사리 같은 손으로 나를 깨운다. 똥이 마려운 모양. 아, 배가 아픈가. 그래도 실수하지 않고 엄마를 깨우러 오다니 기특하네. 정원이는 의미를 담은 말을 소리 내어 하기가 어렵다. 무언가 요구하는 것이 수월하지 않다. 아직 끝나지 않은 아홉 살 아이의 배변 훈련. 이제 곧 3학년인데. 아직까지 가르치지 못한 나를 탓해야 할까. 익숙하면서도 편하지는 않은 뒤처리. 문득 패러디 영상에 등장하는 '배변 훈련 과외샘'의 연락처가 궁금해진다.

잠이 덜 깬 눈으로 뒤처리를 해주고 물로 씻긴다. 수건으로 몸을 닦아주고 팬티를 꺼내다가 다시 기저귀로 바꿔 입힌다. 요즘 정원이는 소변 실수가 잦다. 자다 말고 실수해도 씻기면 그만이지만, 아이가 잠을 설쳤으니 잠이라도 곤히 재워야지 싶다. 얼마 전 크게 아프고 난 끝물이라 마음이 약해진다. 얼마나 더 강해야 아이를 가르칠 수 있을까. 바로 잠들 것 같지 않은 정원이의 동그란 눈을 본다. 조금 열어둔 바깥의 창문에서 물기 어린 냄새가 스민다. 아, 비가 오나 보다. 1층으로 이사를 오니 빗소리가 늘 가깝고 크게 들린다. 창틀에 떨어지는 빗방울이 토분을 두드린다. 고요한 거실에 누워서 반쯤 감긴 눈으로 아이를 지켜본다. 아주 작은 볼륨으로 좋아하는 노래를 들어준다. 가곡 <꽃피는 날>.

정원이는 희한하게도 <국악한마당>이나 가곡을 좋아하는 인생 2회차 같은 어린이다. '…난 가끔씩 꿈꿔보았네. 차가운 가슴 뛰게 하는…'이란 노랫말이 흘러나온다. 가슴 뛰게 하던 그날이 떠오른다. '아기 태운 초보 운전'이란 스티커를 차에서 떼어낸 날. 정원이가 2학년 때 초등학교에서 간 첫 번째 체험학습 날.

그날은 라일락(*Syringa vulgaris*) 꽃이 활짝 핀 날이었다. 집에서 학교까지는 걸어서 5분, 고작 400미터 거리지만 차를 타고 등교했다. 이미 늦었기 때문이다. 그늘 아래에 차를 세웠다. 차에서 내리자마자 모처럼의 '소풍'을 기대하는 전교생의 왁자지껄한 소리가 밀려왔고, 정원이는 귀부터 막았다. 아이는 울면서 거부하기 시작했다. 연초에 정원이는 한동안 걷지 못했다. 이유를 찾지 못한 채 돌연 나았던 것이 겨우 보름 전이었다. 미리 연습도 못 했는데, 현장 체험학습 날이 왔다. 빠질까도 싶었지만 아이의 미소를 생각하니 보내고 싶었다.

정원이는 매 순간 예상치 못하는 어려움을 겪었다. 그중 버스를 타고 단체로 이동하는 한 시간이 높은 허들처럼 느껴졌다. 아이는 울고 있었고, 도움반 선생님은 이미 6학년 형아를 지원하기 위해 한 시간 전에 떠났다. 특수교육 실무사와 담임 선생님과 눈이 마주쳤다. 난처함을 담은 두 쌍의 눈을 보니 결심은 오래 걸리지 않았다. 버스가 출발할 시간이 다가왔다.

"제가 정원이를 데리고 갈게요. 버스에서 울면 소풍 가는 일이 모두 힘들 것 같아요. 출입구에서 열 시에 만나요, 선생님!"

어디서 그런 용기가 났을까. 시작부터 아이도 선생님도 친구들도 힘들게 하는 건 아니라 생각했다. 모두가 즐거우면 좋을 것 같았다. 우는 정원이를 달래는 것이 버스에서는 쉽지 않을 것이라 예상했다. 연습하지 않은 길은 한 번도 운전해본 적이 없었지만 불안한 마음을 꾹 삼키고 시동을 켰다.

"…우리 사회에는 일을 하고 싶어도 못하는 발달장애인이 있습니다. …슬로 스타터(Slow Starter)를 응원합니다."

아침 8시 59분마다 라디오에서 흘러나오는 공익 광고. 9시까지 등교였지만 정원이는 좀처럼 일어나기 힘들어해서 지각하는 날이 많았다.

"흥, 우리가 '슬로 스타터'지. 지각할 때 자주 듣잖아. 늦으면 뭐 어때."

인생이 영화였다면 지금 딱 맞는 배경음악이라며 혼잣말하면서 목적지를 입력했다. D 아쿠아리움. 차창을 조금 내리니 머리 위에 있던 라일락 꽃향기가 스며들었다. 깊은 한숨을 뱉고 손가락 마디가 하얗게 될 때까지 핸들을 꽉 쥐었다. 운전은 늘 익숙하면서도 버거웠다. 정원이가 25개월 때부터 초등학교 2학년까지, 주 5일을 쳇바퀴처럼 같은 길을 운전했다. 센터 재활 시간에 늦을까 봐 긴장한 탓에 어깨는 딱딱하게 굳었다. 정원이는 차만 타면 잠들기 일쑤였다. 나는 40분에 5만 원 수업이 아까웠다. 잠들면 안 돼, 어서 말이 트여줘. 이동하는 시간도 아까웠다. 초조함에 쉬지 않고 말을 쏟아냈다. 늘 목이 반쯤 쉬곤 했다.

아쿠아리움으로 달리는 차 안에 가곡 <송어>의 멜로디가 흘렀다. 마치 도시를 헤엄치듯 차창 밖의 가로수와 구름도 흘렀다. 정원이가 멜로디에 맞춰 작게 흥얼거리는 소리가 들렸다. 백미러에 비친 아이의 표정이 평온해 보였다. 그 순간 낯선 길이 그리 어렵지 않게 느껴졌다. 10시 10분 전, 무사히 도착했다.

"엄마가 끝날 때까지 기다릴게. 선생님이랑 친구들이랑 좋아하는 물고기 많이 보고 와!"

반짝이는 눈빛으로 웃는 아이와 새끼손가락을 걸었다. 아쿠아리움 입구 옆 벤치에 털썩 앉고 나서야 4월 아침의 쌀쌀함이 팔에 닿았다. 그날따라 티셔츠 하나만 입고 있었고, 차에 늘 붙어 있던 초보 딱지는 정원이 아빠가 전날 떼어둔 상태였다. 이런 몰골로 왔다니. 피식 웃음이 났다.

이런저런 생각하는 동안 노래가 끝나간다. 오늘도 밤새워야 하나 싶어 아득해진다. 아무리 졸려도 먼저 잠들 수 없으니 새벽 내내 지켜본다. 누워서 실눈으로 지켜보는 게 체력을 비축하는 요령. 정원이 아빠는 다음 날 출근을 해야 하니 새벽조는 대부분 내 몫이다. 정원이가 꼬박 밤새우는 날은 교대하고 아침에 잠을 청한다. 한두 시간이라도 눈을 붙여야 했다. 이렇게 분담한 지 이제 3년.

잠들지 못하는 푸른 물의 시간. 고요한 거실에는 노래와 옹알이만 들린다. 낮고 느린 노랫말이 귓가에 닿는다. 가사 속의 '지쳐 있던 나를 일으켜'란 구절이 참 좋다. 운전할 때 또 들어야겠다. 노래를 듣는 순간만큼은 아이와 내가 멜로디로 이야기하는 것 같다. 어쩌면 그 순간으로도 충분하지 않을까. 두 눈이 감긴다. 마주한 동그란 눈도 깜박인다. 한참을 꼼지락거리던 정원이는 일어나서 자신의 방으로 간다. 아이는 침대에 누워 이불을 뒤집어쓰고 한쪽에 붙어 공간을 내어준다. 작은 머리를 내 겨드랑이 사이에 끼워 넣고, 한 손으로는 내 배를 조물거린다. 아이는 곤히 잠든다. 꼭 감긴 눈의 속눈썹이 예쁘다.

어슴푸레 밝아진 거실 안에 노랫소리는 꺼지고 비 온 뒤 젖은 풀 냄새가 살짝 열린 창틈으로 스며든다. 새벽의 서늘함이 찾아올 때까지 토닥인다. 깊이 잠든 아이의 숨소리가 노랫소리와 함께 마음에 스며든다. 매일 똑같은 하루처럼 느껴지지만 아이는 천천히 자라고 있다. 배변 훈련쯤이야, 이것도 우리가 해낼 날이 올 것이다. 조금 더딜 뿐. 바깥의 빗소리가 잦아든다. 날이 밝고 눈을 뜨면 작은 음악과 같은 하루가 시작될 것이다. 내일 정원이가 지각하지만 않아도 괜찮다. 오늘 하루 정원이가 잘 자고 잘 먹기만 해도 좋은 출발이다. 그날, 아쿠아리움에서 좋아하는 물고기를 실컷 보고 온 정원이의 환한 웃음처럼.

에스프레소 기차를 타는 엄마

정원이를 학교에 보내면 나에게 허락된 자유 시간은 약 세 시간 반이었다. 3학년이 되었지만 등교 시간은 여전히 같았다. 오전 9시 30분부터 오후 1시까지다. S초등학교 도움반인 정원이는 친구들보다 일찍 하교했다. 아프거나 혹은 늦잠 자면 그마저도 단축되거나 아예 사라졌다. 자유 시간에는 언제나 부지런히 움직였다. 집에 있는 날이면, 잡초도 뽑고 청소도 했다. 짬이 나면 책도 읽고 글도 썼다. 화실이나 병원에 가는 날이면 집안일은 모두 미루고, 오후에 틈틈이 해야 했다. 그러나 잠을 못 잔 다음 날이면 정신이 들지 않아 커피숍을 찾았다.

집 근처에는 커피숍이 없어서 꼭 차로 나가야만 했다. 학교에서 전화가 언제 올지 몰라서 불안했다. 언제든 돌아가야 했으니 먼 곳은 갈 수 없었다. 커피 한 잔도 늘 '정거장'에서 마시는 기분. 정거장은 두 곳이었고 모두 차로 10분 안쪽이었다. 왼쪽으로 가는 길엔 상가 골목 커피집이 있고, 오른쪽 길 끝에는 작은 에스프레소 바가 있다. 오늘의 선택은 깔끔한 아메리카노.

나는 왼쪽으로 핸들을 틀었다. 하늘은 짙은 구름이 무겁게 내려앉아 있었다. 도서관이나 요가원을 가는 날이면 꼭 가던 작은 커피숍이었다. 상가 골목 모퉁이에 자리한 곳. 묵직한 나무 문을 열고 들어가면 그라인더 소리와 진한 원두 냄새가 먼저 나를 맞이했다. 얼음이 다 녹을 때까지 진하고 부드러웠다. 테이크아웃은 1,500원 할인이라 한 잔에 2,500원. 앉아서 느긋하게 커피를 즐기기에는 시간이 부족했으니 더 좋았다.

테이크아웃 컵을 받아서 다시 바깥으로 나왔다. 잠시 벽돌 계단에 서서 하늘을 보았다. 흐린 하늘에 잿빛 구름이 낮게 깔려 있었고 곧 비가 올 것처럼 어두워져 있었다. 커피숍 입구 옆에는 목수국(*Hydrangea paniculata 'Polestar'*) 화분이 그제야 보였다. 연둣빛의 작은 꽃잎이 모여 시원스러워 마음에 들었다. 우리 집 마당에도 이번 봄에 심

었다. 마당에서도 이 여름꽃을 볼 수 있으리란 생각에 즐거웠다. 나는 지나가는 길에 마음에 드는 식물을 보면 주의 깊게 보고 사진으로 찍어두었다. 나중에 무슨 식물인지 찾아서 구매하곤 했는데 이 목수국 화분도 그렇게 샀다. 작은 연둣빛 꽃잎 안에 하얀 매듭 같은 꽃술이 좋았다. '폴스타'란 예쁜 이름이었다.

비가 제법 쏟아질 것 같아 서둘러 차를 탔다. 요즘 날씨는 유독 종잡을 수 없었다. 시동을 걸자마자 투두둑 유리에 빗방울이 떨어졌다. 굵은 빗줄기는 차를 세차게 두드렸고, 빗소리를 북소리 삼아 커피를 홀짝였다. 차를 타면 아이와 함께 다녔던 기억뿐이었다. 감각통합 시간을 기다리면서 공원에서 낙엽을 주웠다. 언어치료를 가는 차 안에서 정원이는 잠들 때가 많았다. 센터 1층 커피숍 긴 의자에 앉아 아이를 눕히고 토닥였다. 인지 수업을 기다릴 때면 벚나무 아래에서 감자튀김을 나눠 먹었다. 정원이는 늘 웃었다. 아이는 낮게 내려온 벚나무 가지를 당겨 연분홍빛 꽃을 보기도 했다. 돌이켜보면 그 시절 센터 안에서 무엇을 배운 기억보다, 센터에 가는 길의 소풍 같은 기억이 더 선명했다.

쾅쾅, 번쩍이는 번개에 바깥이 환해졌다. 팔에 오소소 소름이 돋았다. 추웠다. 정신이 번쩍 들었다.

"아이스 아메리카노 테이크아웃이요."

"네? 테이크아웃이라고요?"

영하 10도의 날씨였다. 커피숍의 문을 여니 안경이 뿌옇게 흐려질 정도의 추위였다. 주문을 하니 직원이 떨리는 목소리로 되물었다. 아이스 잔을 들고 나가겠다는 말에 직원은 잘못 들었나 싶은 듯이 되물었다. 그러면, 싱긋 웃으며, '그란데 사이즈로 주세요! 샷도 추가예요!'라고 낭랑하게 외쳤다. 커피는 한창 정원이를 센터에 데리고 다니던 시절에는 마음의 불을 식히는 소화기였다. 아무리 마셔도 꺼지지 않았던 천불이 있었다. 바리스타의 뒤통수에서 눈을 떼지 않은 채 초조하게 기다렸다. 나를 부르는 소리를 놓칠 것만 같았다.

'그래, 이 열기를 식혀야 해. 하고 싶었던 것이 많았는데 솔직히 화가 나. 내 뜻대로 안 되던 시간을 견뎌야 하고, 부탁하면서 늘 머리를 숙여야 하고. 아, 냉정해지자.'

아이스 아메리카노를 단숨에 마셨다. 아이를 키우며 잠을 제대로 잘 수 없는 생활이 몇 년간 계속됐다. 다음 날은 모자란 잠을 억지로 깨우고 센터에 아이를 들여보내고 대기실 소파에서 꾸벅꾸벅 졸았다. 커피를 마시고 나면 안심이 됐다. 졸다가 아이 손은 놓치지 않을 테고, 길바닥에 주저앉아 울지 않을 테니. 그 시절 핏속에는 헤모글로빈만큼 카페인도 같이 떠다녔을 것이다. 그래도 갑갑하면 밖에 나왔다. 테이크아웃 컵을 든 손끝은 시렸고, 영하의 바람은 매서웠다. 두 뺨을 때리는 날카로움에 정신이 들었다. 그렇게 내 아이의 장애를 받아들이는 시간을 견뎠다.

불은 화르르 타올랐다. '왜 하필 나에게' 주어진 상황에 대한 분노와 아이의 미래에 대한 서러움, 그리고 앞으로 가질 수 없는 모든 것을 태웠다. 지금은 여기까지 견딜 수 있었던 것은 이 꺼지지 않는 불 덕분이라 생각하게 됐다. 여전히 불은 나를 태우고 있지만, 조금

달라졌다. 그 불을 바라볼 수 있게 되었으니까.

"어머님, 정원이가 밥을 안 먹고 울어요. 혹시 모르니 조금 일찍 데려가실 수 있나요."

"집에서 아이와 마주 보고 많이 놀아주셔야 해요. 아이에게 의미 있는 시간을 늘려야 해요."

"언니, 여기 가봤어? 이 의사가 잘 본대. 예약은 어렵지만 한번 찾아봐."

"밥 잘 챙겨라. 반찬 보냈다. 이야기를 많이 해주면 아이가 말이 는다고 하더라."

"참, 다음 주는 1박으로 학회 출장이야. 정원이 대학병원은 같이 갈 테니 미리 알려줘."

이제 화나는 일은 그리 많지 않았다. 대신 혼자 있기 힘든 날이 많아졌다. 분주히 살아도 문득 찾아오는 적막감을 지울 수 없었다. 친구를 만나도 생활이 달라지니 화제도 달랐다. 할 말이 없었다. 애써 만나도 센터 시간에 맞춰 점심은 먹지 못하고 일찍 일어나야 했다. 정원이와 비슷한 아이들을 키우는 엄마들은 똑같이 분주했고 아이 컨디션에 따라 살아가고 있었다. 나는 아이의 스트레스 관리를 중요하게 여겼다. 늘 조심했다. 약속이 잡혀도 깨지기 일쑤였다.

이미 삶의 형태는 바뀌었다. 다정했던 관계는 차갑게 식어버린 아침밥처럼 쉽사리 데워지지 않았다. 9시. 아이를 등교시키고 돌아온 집은 유난히 넓고 춥게만 느껴졌다. 기꺼운 마음으로 하던 모든 일들이 손가락 끝에서 뒤죽박죽 헝클어졌다. 온통 차갑게 내려앉은 날이 오면 아이스 아메리카노조차 위벽을 훑어 속이 쓰라렸다.

오른쪽으로 핸들을 틀었다. 햇살이 뜨겁게 내리쬐는, 바람 한 점 없이 더운 날임에도 마음은 서늘했다. 야트막한 산 밑, 오래된 빌라촌 구석에 있는 작은 에스프레소 바에 도착했다. 아침 8시부터 오후 1시까지만 여는 커피숍이었다. 9시 반쯤 가면 늘 북적거렸다.

잠든 아기를 아기띠로 안고 와서 카페라떼를 주문하고 밀린 수다를 풀어놓는 젊은 아기 엄마들도 있었다. 내가 사고 싶었던 클로슈 햇을 쓰고 늘 조용히 에스프레소를 홀짝이는 꽃무늬 블라우스 아주머니도 있었다. 짬을 내어 한잔 비우고 떠나는 배달 기사도 들렀다 갔다. 조금 뒤면 이른 점심을 먹은 직장인들이 한 무리 올 것이다. 블라우스를 입고 곱슬거리는 단발머리 아가씨가 와서 예닐곱 잔의 아이스 커피를 포장해 갈 것이다. 결혼 전 서울 종로의 커피숍에서 지난날의 내가 그랬던 것처럼. 아침과 점심 사이, 북적거리는 소음 사이에 혼자일 수 있는 틈을 얻었다. 얼어붙을 것만 같은 이 외로움이 조금 옅어졌다. 나만의 작은 아지트였다.

"콘판나(*con panna*) 나왔습니다. 91번 손님."

아, 나의 콘판나. 작은 잔 안에 같은 양의 에스프레소와 우윳빛 크림이 담겨 있다. 부드럽고 진한 크림은 단독으로 먹으면 느끼하지만 – 쓰고 진한 에스프레소와 함께 마실 때 비로소 제맛이 느껴졌다. 쓰고 단 두 맛이 한데 머물렀다 혀끝에 살짝 남았다. 선물 받은 책의 한 문장처럼 달콤했다. 울고 싶은 날에는 등을 토닥이는 손길 같았다. 달콤함은 사소했지만 간절했다.

최근 나의 달콤함은 커피숍에서 만나는 꽃들이었다. 커피숍 카운터 옆 화병에 담긴 풍성한 꽃은 매주 바뀌었다. 버터플라이(*Ranunculus gr. 'Butterfly'*), 스위트피(*Lathyrus odoratus*)부터 테디베어 해바라기(*Helianthus annuus 'Teddy Bear'*), 장미(*Rosa*), 카네이션(*Dianthus caryophyllus*)과 거베라(*Gerbera*)까지. 커피를 기다리면서 한 컷씩 찍어두었다. 계절을 닮은 꽃을 보며 숨을 고르는 아름다움은 나만의 것이었다. 가만히 꽃잎의 매끄러우면서도 옅은 빛을 바라보았다. 문득 오늘 하루가 어찌 흘러가든 괜찮다는 생각이 들었다. 저녁에는 아이 아빠가 퇴근하면 정원이를 돌보았고, 나는 정원에 나가 식물을 돌보면 그것으로 충분했다.

견딜 수 없어 묻어뒀던 지난 기억들도 커피숍의 노랫소리와 천천히 흘러갔다. 카페 한구석에 놓인 커피 찌꺼기도 목수국 아래에 뿌리려고 챙겼다. 비가 그쳤다. 구름 사이로 햇살이 비쳤다. 정거장을 떠나 집으로 갈 시간이었다. 우리 집 정원의 연둣빛 꽃도 곧 피어날 것이다. 정원이도 학교를 마치고 집으로 와 커피향 나는 흙을 맨발로 밟고 놀 것이다. 그리고 크림도 얼음도 없는 — 단 하나의 샷이 담긴 따뜻한 에스프레소를 마실 날이 올 것이다.

우리 집
정원이를
소개합니다

[리딩맘, 부모님의 참여를 기다립니다]

2학년 봄. 새 학기가 시작하고 얼마 되지 않아서 스마트폰 앱의 알림장이 울렸다. 4월부터 아침 독서 시간에 리딩맘을 모집하는 글이었다. 수요일 오전 8시 30분부터 20분간. 3반 교실로 책을 갖고 오면 된다고 안내되어 있었다. 4월부터 6월까지 격주로 진행되었다. 정원이는 9시까지 도움반으로 먼저 등교했다.

'정원이가 없는 시간이니 나는 상관없겠지.'

장애 이해 교육 주간과 참관수업

"안녕하세요, 선생님! 정원이 등교했어요. 오늘은 아침밥은 잘 먹었는데 전날 잠이 부족해 조절은 조금 어려울 것 같아요. 살펴주세요."

"어머님, 정원이 사진을 몇 장 보내주세요. 제가 장애 이해 교육을 정원이네 반에서 진행할 예정이에요. 사진 주시면 함께 설명할게요."

장애인의 날이 있는 4월 셋째 주는 장애 이해 교육 주간이었다. 아직 3월 둘째 주인데 벌써 준비를 시작하셨는지 등교를 시키니 도움반 교사가 사진을 요청했다. S초등학교에 전학 와서 처음으로 맞이하는 새 학년 새 학기였다. 특수교육대상자인 정원이가 소속된 반에서는 아이 특성에 맞게 설명하는 시간을 갖는다. 정원이는 5교시까지 견디는 것도 어려웠기에 천천히 시간을 늘리며 적응 중이었다. 장애 이해 교육은 도움반 교사의 진행으로 정원이가 없는 6교시에 진행됐다. 같은 반 아이들에게 '자폐'란 장애에 대해 설명하고, 정원이의 행동 특성을 알려주었다. 같은 반 친구들은 정원이가 같은 동네 놀이터에서 놀고, 학원에 가는 것처럼 특수체육이나 언어 수업을 받는 사진을 보고 정원이의 생활을 이해했다.

3월 셋째 주. 2학년 참관수업은 학부모 총회와 함께 진행되었다. 초등학교 입학 이후 첫 참관수업이었다. 오랜만에 원피스를 차려입고 갔다. 창밖의 라일락 나무 가지 끝에는 연둣빛 새잎이 조금씩 나고 있었다. 창가에는 아이들의 이름이 적힌 화분들이 나란히 있었다. 열네 개의 화분에는 초록빛 싹이 햇빛에 반짝였다. 화분에는 정원이의 이름도 붙어 있었다. 참관수업의 내용은 다른 친구들이 서로에 대해 생각한 것들을 각자의 나무에 그려진 열매 칸에 글로 적어주는 활동이었다. '정원이의 나무'에는 스티커를 붙일 수 있었다. 일반 학급 담임 교사는 정원이가 다른 친구들에게 붙여줄 수 있도록 예시가 적힌 스티커를 미리 준비해두었다. 고마웠다. 간단해 보이는 배려지만 현장에서 쉽지 않다는 것을 알고 있었다. 의젓하게 책상에 앉아 뒤를 돌아보는 아이에게 나는 방긋 웃으며 손을 흔들었다. 정원이가 알아들을 수 있는 제스처로 있는 힘껏 격려했다.

'네, 저 아이가 내 아이예요! 잘 부탁드려요.'

"우리 집 정원이를 소개할게요"

3월 말. 리딩맘을 추가로 모집한다는 글이 다시 알림장에 울렸다. 첫 주 리딩맘 모집이 아직 안 된 모양이었다. 아무래도 준비가 빠듯했으니까. 지난주 참관수업 때 통합학급 담임 교사의 정성이 떠올랐다. 도움이 되고 싶었다. 조용히 첫 번째 리딩맘 시간에 참석한다고 참여 칸을 체크했다. 그날 조금 일찍 정원이랑 준비해서 같이 3반에 올라가려다 생각을 접었다. 원래 하던 대로 정원이는 9시에 등교하기로 했다. 아이는 아이의 리듬대로 하루를 보내는 것이 좋았다. 좋은 시작이 안정적인 일과의 토대가 되기 때문이었다.

4월 첫째 주 수요일 아침. 정원이 아빠에게 아이 등교를 미리 부탁했다. 2학년이 되고 나서는 등교 준비를 나눠서 하는 연습을 하고 있었다. 모든 것을 다 맡아서 한다고 아이에게 좋은 것이 아니란 것을 알았다. 내가 몸살이라도 나면 곤란해졌다. 아이가 제 시간에 등교해야 한다는 강박을 버렸다. 때때로 조금 늦기도 했다. 자는 아이를 억지로 깨워서 센터에 가던 시절이 기억났다. 늦으면 세상이 무너질 것만 같았다. 나는 아이가 장애가 있어도 열심히 규칙을 지키는 부모임을 증명하고 싶었던 것일지도 몰랐다. 우리 집 아침은 더 이상 조급하지 않았다. 가족 역시 정원이에 대해 알아가고 배우면서 조금씩 달라졌다.

선택한 책은 두 권이었다. 첫 번째 책은 『민들레는 민들레』(김장성 글, 오현경 그림)였다. 모두가 졸린 아침 시간이라 책 내용을 노랫말로 바꾼 영상을 준비했다. 정원이 또래 아이들이 차분히 화면에 집중했다. 그 모습이 되레 생소했다. 대학교 강의도 했던 기억이 있어서 잘할 수 있을 줄 알았는데, 아이들의 앞에 선 내 목소리가 갈라졌다. 정원이 또래의 아이들과 이야기하는 것이 오랜만이라 낯설었다. 큼, 헛기침하고 다시 읽었다.

"…이런 곳에서도 민들레는 민들레, 저기서도 민들레, 들판 가득 피어나도 민들레는 민들레."

어떤 장소에서 어떤 모습으로 피어도 민들레는 민들레였다. 화려한 꽃들 사이에서 나는 노란 민들레를 좋아했다. 작고 흔하지만 어디서든 뿌리를 내렸으니까. 꼭 정원이와 닮았다. 누구나 접하는 꽃 이야기로 시작하고 싶었다.

"…냄비 때문에 아나톨은 평범한 아이가 될 수 없어요. 냄비는 떨어지지 않아요. …사람들은 냄비만 쳐다봐요. 냄비 때문에 아나톨은 힘들어요."

낭독이 끝났다. 두 번째 책은 『아나톨의 작은 냄비』(이자벨 카리에 글·그림, 원제 *La petite casserole d'Anatole*)였다. 나는 책 안에 3반의 친구들과 담임 교사에게 주는 편지도 함께 준비했다. 마른침을 삼키고 숨을 내쉬었다. 긴장으로 떨리는 목소리로 '3반의 작은 아나톨'인 정원이를 소개했다. '몸의 성장은 비슷하지만, 발달의 속도는 다르다'는 발달장애의 개념을 또래 친구들에게 알려주는 것은 생각보다 어려웠다. 2학년 아이들에게 정원이는 '24시간 돌봄이 필요한 중증 자폐'라고 설명한다 해도 이해하기 어렵기 때문이었다. 그래서 정원이도 눈에 보이지 않는 냄비를 갖고 살아가고 있다고 설명했다.

정원이에게는 냄비를 갖고 살아가는 법을 알려주고, 아이만의 냄비를 세상에 이야기하는 것이 내가 할 수 있는 몫이었다. 담임 교사는 며칠 뒤 아이들이 『아나톨의 작은 냄비』를 쉬는 시간에도 무척 관심 있게 읽었다는 소식을 전해주었다. 모두 긍정적으로 받아들여서 다행이었다.

"정원이 엄마, 안녕하세요!"

리딩맘 수업 이후, 달라진 점은 아이들이 동네에서 마주쳐도 나를 기억하고 있다는 점이었다. 아이들은 동네에서 정원이를 보고 인사를 했다. 그러나 직접 아이들 앞에서 했던 엄마의 '정원이 소개'는 그날이 처음이자 마지막이 되었다.

정원이를 소개하는 한 장의 인사

정원이는 3학년이 되었다. 이듬해에는 리딩맘의 기회는 없었다. 나는 다시 새로운 담임 교사에게 줄 리포트를 준비했다. 이는 해마다 준비하는 첫인사였다. 2년 전 처음 전학 왔던 날에도, 새 학년에 올라가는 날에도 변함은 없었다. 아이에게는 기다려주는 시간이 중요했다.

정원이와 생활하는 것은 많은 요령이 필요했다. 한눈에 보기 쉽게 금방 읽을 수 있도록 한 페이지에 정리했다. 가족 소개, 아이의 성향과 선호, 감각 특징과 의사소통 방식까지 담았다. 예를 들어, 정원이가 소리에 민감해서 새로운 장소에서는 귀를 막는 경우가 있다고 적었다. 그리고 말소리가 아니라 그림카드나 기기를 활용해 의사소통하는 모습을 사진과 함께 정리했다. 식물도감처럼 상세한 설명을 덧붙였다. 마치 '정원이 사전' 같았다.

'지시 따르기, 5초만 기다려주세요.'

'조금 천천히, 반복되는 일과와 맥락 안에서 배웁니다.'

'낯선 공간, 불안할 때 어려운 행동이 나타날 수 있어요.'

이 한 장의 종이에는 정원이의 목소리가 담겨 있다. 씨앗을 심는 마음으로 아이를 소개하고 있다. 정원이는 열심히 뿌리를 내리고 꽃을 피울 것이다. 언제든 민들레처럼 천천히 자신만의 삶을 꾸려가는 아이를 나는 응원할 것이다. 어디서든 학교에서 씩씩하게 보내고 가방을 메고 나오는 아이를 기다릴 것이다. 활짝 피어난 라일락 나무 아래서.

'안녕하세요, 전 정원이에요. 앞으로 잘 부탁드려요!'

2장

하늘과 가까운 정원에서 태어난 꼬마 가드너

월급 없는 정원사의 운수 좋은 날

두 집 살림을 시작하다

아침 7시. 아직 집은 조용했다. 모처럼 내가 정원이보다 일찍 깼다. 지난밤 자정까지 잠들지 못한 아이를 재우느라 몸은 무거웠고 입이 말랐다. 살그머니 거실 베란다 문을 조용히 열었다. 잠귀 밝은 아이가 깨면 안 되니 천천히 조용히 움직였다. 누가 보면 도둑인 줄 알겠다 싶어 웃음이 났다. 1층 정원은 거실 베란다 쪽 출입구를 통해 드나들었다. 여름엔 물주기를 한 번만 빼먹어도 꽃은 금방 시들해졌다. 물뿌리개를 채워 두세 번 왕복해야 끝났다. 여름마다 정원에 물시중을 드느라 분주했다. 밖으로 나가니 마당용 슬리퍼가 젖어 있었다.

'아, 간밤에 비가 왔구나. 건너뛰어도 되겠네. 잘됐다.'

3학년 여름방학이 지나자마자 '두 집 살림'이 시작됐다. 더 바빠졌다. 정원이는 2학기부터 가까운 도시의 E특수학교로 전학했다. S초등학교에 다니던 아이는 1학기 동안 30일 가까이 결석했다. 자주 배가 아프다면서 학교를 가기 어려워했다. 아무리 적응을 해도 새로운 도전이 밀려오는 간격은 점점 짧아졌다. 고민 끝에 두 번째 전학을 결정했다.

여름방학에 이사를 한 뒤, 본가(1층 정원 집)와 학교 주변의 작은 집(옥탑 테라스 집)을 오가며 생활했다. 아직 살림살이를 옮기진 못했지만 지낼 만했다. 본가에서 학교까지는 차로 30분 거리니 급한 것은 없었다. 적응이 먼저였으니까. 2년 전 1층 정원집으로 이사했을 때도 천천히 익숙해졌다. 환경이 바뀌면 아이의 리듬도 흩어지기 때문에 충분히 기다릴 계획이었다. 전학 후 보름 동안은 자정이 넘어도 쉽게 잠들지 못했다.

조용히 침대로 돌아와 다시 잠을 청하려 눈을 감았다. 옆에서 정원이가 뒤척였다. 아, 깼구나.

"정원아, 화장실 가야지."

아침마다 꼭 하는 일이 있다. 바로 아침의 첫 소변 성공을 지켜보는 것이다. 나는 다그치지 않고 아이와 거리를 유지했다. 그 '감'은 정원이를 키워온 시간만큼 쌓였다. 아이가 성공할수록 '거리'는 점점 늘어났다. 온 신경이 아이에게 모였다. 정원이 하루의 시작이 기쁜 성공이었으면 하는 마음으로 집중했다.

"정원아, 잘했어! 정원이 최고!"

성공했다! 화장실에 다녀오자마자 문 앞에 딱 서 있다가 열렬히 칭찬했다. 정원이는 쑥스럽다는 듯 씩 웃었다. 아이는 냉큼 식탁 의자에 앉았다. 주방 서랍에서 자신의 식판을 꺼내 와 식탁 위에 올려두었다. 아침 먹자는 이야기였다. 배가 고파도 울기만 했던 유치원

시절에 비하면 정말 쑥 자랐다. 식판에 밥과 국, 고기와 김치, 나물 반찬을 잘라 올려두었다. 반찬은 정원이 아빠가 준비한 김치볶음 – 아이가 제일 좋아하는 반찬이었다.

"빵이랑 커피 먹어."

아이가 먹기 좋게 반찬을 자르고 있을 때, 툭 – 눈앞에 작은 에스프레소 잔이 놓였다. 신혼 시절부터 쓰는, 10년 된 과일 무늬 에스프레소 잔이었다. 반으로 나눈 토스트 한쪽도 함께였다. 구운 식빵 안에 달걀 프라이와 햄, 치즈가 들어 있다. 시간이 허락하면 공들인 아침을 내어주었다. 간단한 아침을 준비하면서 하루를 워밍업하는 것은 정원이 아빠의 몫이었다. 미지근해진 에스프레소를 마시며 토스트를 한입 베어 물었다. 아침에만 여는 우리 집 작은 베이커리였다.

식사를 마치고 나면, 여벌 속옷과 바지를 한 묶음씩 나누어 파란색 책가방과 간식 가방에 나눠 담았다. 초록색 간식 가방에는 오후에 정원이가 먹을 간식도 담아두었다. 장애인 수영 수업에 가는 날이면 여기에 수영복이랑 수건까지 추가됐다. 자동차 키를 챙겨 내 노트북 가방을 메고, 아이 책가방과 간식 가방을 들었다. 그사이 정원이 아빠는 아이의 옷을 입힌 뒤 마스크를 걸어주었고, 나는 정원이가 안전하게 입에 물 수 있는 '감각 목걸이'까지 챙겼다. 요즘 자꾸 이것저것 입에 무는 버릇이 생겼기 때문이다. 이제 학교 갈 준비가 끝났다. 1층이라 엘리베이터를 타지 않아도 되니 좋았다.

특수학교와 옥탑 테라스 집

"정원아, 학교 가자."

30분을 달려 9시 5분에 등교했다. 조금 늦어도 담임 교사는 미리 연락하지 않아도 괜찮다며 웃으셨다. 정원이는 웃는 얼굴로 씩씩하게 교실 문 앞에서 인사했다. 다행이었다. 등교 후 하교까지 학교 근처에 마련한 작은 집의 살림을 돌보았다. 간소하게 꼭 필요한 것만 두었고 여행처럼 오고 가면서 지내고 있다. 방 하나에 테라스가 딸린 작은 집이었다. 지난 여름 인근의 특수학교에 모두 전화했지만 빈자리가 없어 기약 없이 대기했다. 이웃 도시의 특수학교에 마침 빈자리가 있었고 주소지를 옮기면 전학이 가능하단 답변을 들었다. 당장 큰 이사는 어려워서 월셋집을 구했다.

'무리한 이사 비용보다는 낫지, 뭐. 욕심내지 말고 천천히.'

옥탑의 테라스에는 주인이 돌보다 두고 간 텃밭이 있었다. 깻잎, 고추, 방울토마토 틈에 다 익은 보랏빛 열매가 보였다. 반질반질한 가지를 따며 잠시 하늘을 보았다. 여전히 맑았다. 초록만 있으면 어디에서든 괜찮았다. 후 – 이제야 숨을 뱉었다. 오늘 하루도 시작이구나.

하교 시간을 기다리는 동안 글을 썼다. 그동안 나는 아이에게 말하듯 단문으로만 말했고, 복잡한 문장은 한 줄도 쓰지 못했다. 지금은 짬이 나면 글을 썼다. 나는 지금의 내가 더 좋았다. 정원이가 자라는 만큼 나의 자유 시간도 늘었다. 간소한 만큼 챙길 것도 적어졌다. 한결 가벼워졌다.

오후 1시 30분. 하교 시간보다 10분 일찍 도착해서 정원이의 활동지원사(이하 지원사)를 만났다. 정원이의 세 번째 지원사는 대학생 딸을 둔 50대 초반의 여성이었다. 본가와 가까운 곳에 살아서 1학년 가을부터 함께하고 있었다. 아이를 돌볼 때 불편함이 없도록 챙기는 것은 나의 몫이라 생각했다. 아침에 챙겨뒀던 초록색 간식 가방을 건네주었다.

"여기 가방 안에 이번 달 계획표랑 정원이 간식도 들어 있어요. 오늘은 인지 수업만 있어요. 미술은 휴강이에요."

초록색 가방 안에는 프린트물 한 장도 들어 있다. 9월 계획표. 지난 2년간 나는 정원이의 한 달 계획표를 짜서 미리 공유했다. 표에는 정원이의 센터 일정, 병원 예약일 등이 담겨 있다. 5년 전 혼자 센터를 여러 군데 다니니 자꾸 잊어버려서 시작했던 습관이었다. 이는 활동지원사와 손발을 맞추는 데 큰 도움이 되었다. 지원사가 내민 8월 서류에 보호자 서명을 했다.

"늘 감사해요. 오늘도 잘 부탁드려요."

감사 인사도 서명과 함께 덧붙였다. 정원이의 하루를 세심히 살펴주어 고마운 마음을 그때마다 표현했다. 이 많은 체크리스트와 일정표는 정원이의 하루가 안정적으로 흘러가게 했다. 굳이 이렇게까지 하냐는 사람들도 있지만, 이런 노력 끝에 '나만의 시간'을 수당으로 받았다. 덕분에 나만의 세계를 꾸릴 시간이 생겼다.

문이 열리고 다다다 소리가 들렸다. 하루를 충실하게 보낸 밝은 얼굴이 유리문 안에 보였다. 난 팔을 크게 벌리고 아이가 잘 볼 수 있게 손을 크게 흔들었다. 높이, 높이.

"어머님, 오늘 정원이가 무탈히 잘 지냈어요. 점심도 맛있게 먹었답니다."

담임 교사가 덧붙인 말에 감사했다. 새 학교에 전학 와서 낯설어도 즐겁게 등교하고 기쁘게 하교해서 다행이었다. 파란색 책가방을 멘 아이에게 젤리 하나 쥐여주며 칭찬했다.

"잘했어, 정원아. (지원사) 선생님이랑 수업 잘 다녀와! 집에서 만나."

1층 정원 집으로 돌아오다

"아, 선생님, 정원이 오늘 잘했나요? 네, 네. 어제 잠을 중간에 한 번 깼어요. 그래노 그 정도면 잘했네요. …네, 집에서 살펴볼게요. 고맙습니다."

오후 3시. 아이가 센터를 다니는 동안, 난 본가로 돌아가 집안일을 했다. 설거지도 하고 청소기도 돌렸다. 스마트폰이 울렸다. 수업이 끝나면 치료사의 전화가 왔다. 얼마 전까지만 해도 직접 센터를 데리고 다녔다. 지금도 하교 때 못 가면 센터에서 만나기로 미리 정원이와 약속했다. 정원이와 나는 이렇게 서로 조금씩 떨어지는 연습 중이었다. 이렇게 나만의 시간이 주어지는 것이 꿈만 같았다.

4시. 정원이가 오기 한 시간 전. 늦은 오후의 마당으로 나갔다. 잡초도 뽑고 마른 잎도 떼어냈다. 햇볕이 침엽수 잎에 머물렀다. 나무 그림자가 길게 울타리를 만들었다. 혼자 정원에 머무르는 시간이 고요했다. 마음이 평화로웠다. 하루에 30분, 잡초를 뽑으며 마음에 빈자리를 만드는 게 나만의 루틴이었다. 내일에 대한 걱정도 내려두었고, 해야 할 일도 묻어뒀다. 조금만 돌봐도 정원의 식물들은 자신의 힘으로 살아냈다. 연둣빛 새순을 보면 씩씩하게 뿌리내리는 식물이 고마웠다. 쫓기듯 살지 않았기에 소중했다. 띵동.

"정원이 왔어요! 오늘 하루 잘 보냈니?"

5시. 목소리를 가다듬고 밝게 외치며 현관문을 열었다. 정원이는 지원사와 함께 무사히 집으로 도착했다. 엄마와 떨어져 오후를 보내고 온 아이의 얼굴은 불그스름하니 잘 익은 과일 같았다. 나는 아주아주 반갑게 맞이했다.

정원이를 돌보는 일은 생각보다 여러 제도가 얽혀 있어 세심히 관리해야 했다. 이전의 지원사들은 두세 달 만에 끝났다. 처음이어서 적성이 맞지 않는다고 그만둔 사람도 있었고, 집 안에서 함께 아이를 돌보는 것이 내가 부담스러워 끝내기로 한 사람도 있었다.

저녁은 천천히 흘러갔다. 밥을 차려주고, 함께 앉아 TV도 보고, 말썽 피우며 어질러둔 흔적도 치웠다. 둘이 있을 때는 꼭 아이를 안았다. 그리고 있는 힘껏 아이의 행동에 귀를 기울였다. 정원이는 이제 나가고 싶으면 바지를 스스로 입고 가슴을 두드리며 표현했다.

띵동. 7시 30분.

"정원아, 아빠 왔어!"

깡충깡충 뛰면서 반가움을 표현했다. 활짝 웃는 아이를 보니 문득 울컥했다. 이 순간을 함께 하나하나 쌓아왔다. 엄마가 모르는 아이만의 세계가 조금씩 생겨나면서 더 많이 표현할 수 있게 되었다. 언젠가 꿈꾸었던 순간이 눈앞에 있었다.

'너의 이야기를 들려줘서 고마워.'

정원이의 모든 것을 책임지고 다 해내야만 한다고 생각한 적도 있었다. 내 손 안에 있어야 마음이 놓였다. 내가 모르는 아이의 생활에 불안해하지 않을 날이 올 줄은 정말 몰랐다. 감사했다.

"정원아, 오늘 하루 수고했어. 잘 자렴."

잠든 아이의 머리칼을 쓰다듬었다. 꼭 붙어 자는 작은 몸이 따뜻했다. 오물거리는 입가에 미소가 머물러 있다. 방 안에 주목나무의 그림자가 어른거렸다. 포근한 달빛이 방 안에 채워졌고, 마치 일당을 받은 것처럼 마음은 흐뭇했다.

'오늘 하루도 평안해서 감사합니다.'

내일도 '운수 좋은 날'이기를.

만물상 정원사의 '스테디 가드닝'

"더 버릴 거 없어?"

"응. 현관 앞 상자에 둔 건 누가 가져갈 거야. 그냥 묶은 건 재활용이야."

E특수학교로 전학을 앞둔 여름방학의 어느 날 주말이었다. 주말을 맞이해 짐 정리를 하던 중이었다. 짙은 분홍빛 노끈으로 책을 질끈 묶었고, 과학동화나 명작동화처럼 아직 쓸 만한 전집 몇 질은 상자에 담아두었다. J동을 떠나 이사 올 때도 많이 나눠주고 와서 얼마 없을 줄 알았다. 그런데도 방 한 칸은 책이 가득했다. 정원이가 읽을 책도 태어날 때부터 모았다. 미리 읽어보면서 아이에게 읽어줄 날을 꿈꾸었다. 정원이의 사촌 누나들 책을 물려받았고, 부족한 건 중고로 채웠다. 유명한 책들을 열심히 모았다. 말이 느린 걸 알았을 때는 더 열심히 책을 구했다. 이 책만 있으면 말이 트일 것만 같았다. 저 책에는 드라마틱한 '계기'가 숨어 있을 것 같았다. 책을 버린다는 것은 '꿈'을 버리는 일처럼 느껴져 아무것도 포기할 수

없었다. 상자에 책을 담고 메모지를 붙였다.

'책 나눔합니다.'

여섯 살 무렵. 아이의 발달 곡선이 정상 궤도에 오르지 않으리란 걸 받아들였다. 정원이가 앞으로도 읽기에 오래 걸릴 책들은 동네 사람들에게 나눠주었다. 대부분 무거운 먼지만 뒤집어쓰고 있었다. 이사 오면서 방 한 칸만큼 더 비워야 했고, 대부분 정원이의 책과 교구였다. 그때 다 정리한 줄 알았는데. 책들도 화분들도 '쟁여둔 꿈'이었다.

어릴 때부터 물건을 잘 버리지 못했다. 당장 필요하진 않아도 언젠가 쓸모가 있을 것 같았고, 버리고 다시 사게 되면 낭비 같았다. 베란다 정원의 사정도 다르지 않았다. 나는 식물도 수집했다. 첫 반려식물은 해피트리(*Heteropanax fragrans*). 처음에는 화원에서 권하는 대로 골랐다. 위아래 가지가 잘린 채 뭉툭하게 심긴 나무였다. '행복을 가져다준다'는 나무의 끝이 도리어 뭉툭한 것이 신경 쓰였다. 결국 지인에게 주었다.

소박하게 식물을 키우겠다는 마음으로 시작했지만, 베란다의 화분은 점점 늘었다. 방앗간 들르듯 화원이나 꽃집을 지날 때마다 한두 개씩 들였다. 아, 이것도 키우고 싶고, 저것도 키우고 싶어. 그렇게 하나가 둘, 둘이 셋. 어느새 식물로 빼곡한 만물상이 되었다. 무엇을 잘 키울 수 있는지 몰라서 무조건 모았다. 남향 베란다는 온통 식물로 채워지고, 살림살이는 오히려 북향으로 밀려났다.

가드닝에 푹 빠지니 식물에도 유행이 있다는 걸 알았다. 인스타 피드는 처음 보는 식물들로 반짝였다. 알수록 더 예쁘고, 더 비쌌다. 그때부터 동네 화원에서 흔히 권하는 식물들이 왠지 촌스러워 보였다. 화면 속 화려한 식물들을 우리 집 베란다에 들이고 싶었다. 침엽수를 종류별로, 휴케라도 색깔별로, 고사리는 블루스타 펀(*Phlebodium aureum 'Blue Star'*)부터 아디안텀(*Adiantum raddianum*)까지 모았다. 끝이 없었다. 베란다는 '백화점'이 되었다. 멋진 무늬의 20만 원짜리 희귀 필로덴드론(*Philodendron*)을 '장바구니'에 넣었다가 멈칫했다. 우리 집에서 키우기에는 너무 비쌌다. 이 돈이면 아이 수업을 하나 더 들을 수 있었다. 식물 수집을 잠시 멈추었다.

문제는 '모으기'가 아니었다. '돌볼 수 있느냐'였다.

그래서 '스테디 가드닝(Steady Gardening)'을 택했다. 유행이 아니라 '책임'으로 키우고 싶었다. 식물도 욕심을 내려놓을 때 인연이 되었다. 자신을 모른 채 들이면 한때의 유행으로 끝났다. 사람마다 '잘 맞는' 식물이 있었으니까. 선호와 생활 리듬도 물주기만큼 중요했다. 키우고 있는 식물은 조금 못나져도 버리지 않았다. 살리려 애썼다. 물주기 간격을 고민했고, 해가 잘 드는 자리를 찾았다. 바람이 잘 드는 자리를 눈여겨보기도 했다. 집 안의 채광과 통풍에 맞춰 살펴보고, '내가 키울 수 있는 것'만 남겼다.

정원이를 낳고 삶의 패턴이 바뀌었다. 책임의 폭도 넓어졌다. 아이의 입학과 전학을 거치는 사이 식물의 절반을 나누어주었다. 일부는 이사를 겪으면서 관리하지 못해 말라 죽기도 했다. 아무리 애써도 돌볼 수 있는 한계가 있었다. 이제는 정원이를 함께 돌봐야 했다. 내키는 대로 들일 수 없었다. 사진 속에 담겨 있는 추억 어린 잎들을 넘기며 다짐했다. 유행 따라 함부로 들이지 않겠다고. 책임질 수 있는 만큼만, 키울 수 있을 만큼만. 그것이 스테디 가드닝이었다.

언제나 봄이 오면 새로운 식물을 들이고 싶었다. 무엇인가 심는 즐거움은 정원사의 특권이었으니까. 작년 봄에는 정원이와 함께 목마가렛(*Argyranthemum frutescens*) 모종을 심었다. 정원이에게 호미를 쥐여주고 흙을 토닥였다. 하얀 꽃잎이 귀여울 것 같았다.

'내년 봄에는 무엇을 심을까.'

요즘은 빈 토분이 많아졌어도 전처럼 서둘러 채우지 않았다. 토분의 거친 표면을 쓰다듬는 순간만으로도 좋았다. 하나하나, 조금씩. 야외 정원의 청사진을 그려보았다. '나만의 살아 있는 정원'을 꿈꾸었다. 잡다한 만물상이나 화려한 백화점이 아닌, 정원사다운 정원. 내가 잘 키울 수 있고, 우리 집 환경과 잘 맞고, 매일 보아도 휴식을 주는 – 그런 쉼 같은 반려식물을 키우고 싶었다. 식물에도 유행은 있었다. 하지만 결국 중요한 건 '오랫동안 함께 나누는 여정'이었다. 정원도, 식물도, 사람도 '함께하는 것'이 중요했다.

'아, 아직도 버릴 책이 남아 있었잖아. 세상에, 얼마나 사다 둔 거야.'

정원이가 더는 관심을 보이지 않는 책들을 물끄러미 바라봤다. 마음 한구석의 버리지 못한 기대처럼 방 곳곳에 책이 쌓여 있었다. 노랗고 쭈글쭈글해진 표지에는 지나간 꿈이 물자국과 함께 말라붙어 있었다. 이제 아이는 커서 아기 티 나는 교구들은 어울리지 않았다. 마지막까지 버리지 못한 책들이 주인을 잃은 채 찢기고 망가져 있었다. 버리지 않으면 집착이 될지도 몰랐다. 질끈 눈을 감고 노끈을 한 번 더 조였다. 손바닥에 눅진한 종이 먼지가 거뭇하게 묻어났다.

버리는 건 희망이 아니라 미련이었다. 필요한 책은 제때 맞춰서 사주면 되니 미리 모아두지 않으리라 다짐했다. 무엇을 사두는 것이 무엇을 이루는 것은 아니었다. 갖고 싶단 생각은 어쩌면 빈자리를 메꾸려는 억지가 아니었을까. 한때 정원이의 센터 시간표를 꽉 채워야 덜 불안했다. 빈 자리가 노력하지 않는 것처럼 느껴졌다.

어떤 날은 내가 지나치게 애쓰다 보니 아이를 힘들게 하진 않았나 하는 후회도 들었다. 통합학교가 정원이에게 맞지 않는 옷이었을까. 어디에도 정답은 없다는 것은 알고 있었다. 정원이가 2년간 이곳에서 즐겁게 보냈지만 힘들었던 것도 사실이었다. 그저 엄마로서 아이가 덜 아팠으면 했기에 드는 마음이었다.

그때 불쑥 내 눈앞에 책 한 권이 나타났다.

"음! 음!"

정원이가 3학년 1학기 국어 교과서를 책더미에서 가져와 내밀었다. 국어책은 도움반에서 보던 특수학교용 교과서가 아니었다. 일반 학급 친구들이 보던 책이었다. 정원이에게는 어렵게 느껴져 한쪽 구석에 두고 여름방학식 때 받아 오고 들춰보지 않았다. 아이는 교과서를 주면서 방긋 웃었다. 읽어달라는 뜻이었다.

나는 정원이에게 국어책을 읽어줬다.

천천히, 느릿느릿.

평소보다 긴 이야기를 아이는 끝까지 들었다. 일전에는 짧은 이야기도 듣다가 도망가고는 했었는데. 특수학교에 오고 나서 아이는 편안해졌고 밝아졌다. 지금 듣고 싶은 것은 아마도 친구들과의 기억이 아니었을까. 어떤 형태로든 지난 2년은 아이에게는 남아 있었다. 눈앞의 활자가 흐려졌다. 툭. 눈물자국이 책 위에 번졌다. 첫 번째 전학도 그리고 지금도 아이는 나름의 기쁨을 담고 살아가고 있었다. 특수학교든 도움반이든 하나의 매듭일 뿐이었다.

삶은 유행이 아니었다. 갖지 못한 것을 욕심낼 수 없었다. 주어진 하나하나의 마디 위에서 성실하게 살아갈 뿐이었다.

나는 정원이를 키우며 오늘을 믿고 살아가고 있다.

나는 정원을 가꾸며 내일을 믿는다.

명품 토분,
명품 치료가
따로 있나요

"혹시 위 사진의 토분 판매 가능하신가요?"

가끔 10년 전 올려두었던 블로그의 토분 사진에 위와 같은 댓글이 달리곤 했다. 재미있는 것은 사진의 토분에는 식물이 심겨 있다는 것이었다. 댓글을 단 사람은 토분만 원했다. 그렇다면 사진 속의 식물은 버리라는 말이었을까. 아무리 명품 옷이라도 옷장에만 있으면 무슨 소용일까 싶어 거절했다. 토분으로 태어났으면 식물을 담고 살아야 의미가 있다고 생각했다.

신혼 시절 화분 몇 개만 두고 키우던 가드닝 라이프는 1년 만에 만개했다. 집 안 구석구석에 식물이 가득 자리했다. 한창 키우다 보니 하얀 도자기 화분은 과습으로 식물이 쉽게 죽었다. 잘 키울 수 있는 화분을 찾았다. 물마름과 물빠짐에는 토분이 좋다고 들었다. 구하기 쉬운 '독일 토분'을 써봤지만, 큰 차이를 못 느꼈다. 어느 날 '수제 D 토분'을 보고 첫눈에 반했다. 당시엔 홈페이지 개설 전이

라 카페에서 선착순 댓글을 달아 구매했다. 지금보다 가격이 저렴해서 한 번 살 때 여러 개를 들일 수 있었다. 2~3년 사이에 늘어나는 식물만큼 토분의 개수도 늘어났다. 이렇게 '귀한 몸'이 될 줄은 몰랐다.

토분은 식물을 새로 들여서 필요한 만큼만 샀다. 예산상의 한계는 있었다. 오랜 버킷 리스트 중 하나가 가드닝이었다. 빠듯한 살림에도 한 달에 쓸 돈을 미리 정했다. 특별한 날을 기념해서 산 나무와 토분이 찰떡궁합처럼 잘 어울리면 혼자 뿌듯했다. 흔한 식물도 토분에 심으면 더 근사했다. 이끼가 끼어도 멋스럽고, 하얀 백태가 올라오면 세월의 맛이 느껴져서 좋았다. 정원이가 태어나고 이벤트로 아이 이름과 생일을 새긴 토분도 받았다. 값으로 매길 수 없는 추억이었다.

토분 카페에서는 멋진 토분에 담긴 식물 사진을 구경했다. Y가 올린 사진 속의 토분은 멋스럽고 배경이 야외 정원이어서 관심이 갔다. 더 보고 싶은 마음에 그의 블로그를 구독했다. 사진 속에 담긴 아이의 모습이 멋졌다. 한참을 읽다가 '이상함'을 발견했다. 주중에는 어디론가 데려갔다가 주말에는 산속의 집에서 함께 보냈다. 아이의 사진은 초등학교 시절에 머물러 있었다. 오랜만에 올라온 글을 하나 보았다. 더 이상 읽고 싶지 않은 예감에 구독을 취소했다. 지금은 그 내용이 무슨 뜻인지 알게 됐다. Y의 아이는 자폐 스펙트럼을 갖고 있었다. 그때는 정원이가 언어치료를 막 시작했던 두 돌 무렵이었다. 미묘하게 마음을 건드리던 진실을 알고 싶지 않았을지도 모르겠다.

수제 D 토분이 워낙 귀해지자, 그릇장에 명품 그릇 전시하듯 토분도 전시하는 사람도 많아졌다. 수집가의 즐거움은 이해하지만, 내게 토분은 식물이 심겨 있을 때 가장 아름다웠다. 토분과 식물을 모두 아꼈지만 모시고 살진 않았다. 정원이를 낳고 조용히 식물만 키웠다. 갖고 있는 토분으로 충분했었다. 몇 개를 깨뜨리기도 했지만, 깨진 토분을 붙여서 다시 썼다. 토분도 식물과 함께 흙을 머금고 물주기와 물마름을 반복하면서 나이를 먹었다. 나무들의 나이테처럼. 그렇게 한동안 카페에는 접속하지 않은 채 아이와 식물들만 돌보며 지냈다.

정원이 여섯 살 생일 무렵이었다. 그 무렵은 장애 등록 직후라 마음이 허전했다. 토분 카페에서 아이의 탄생을 축하받았던 생각이 났다. 카페를 들여다보니, 어느새 국산 명품의 반열에 올라 구매가 어려워졌다. 홈페이지에 판매 상품이 업로드되면 '3초 컷'으로 품절되고, 리셀러까지 등장했다. 요즘 나온 토분이 궁금해진 나는 한정판이었던 옛 토분과 교환했다. '새' 토분은 멋졌지만, 정이 가지 않았다. 소중한 추억을 교환한 것은 나 자신이었다. 씁쓸했다. 불현듯 Y의 사진 속 아이와 그의 토분 이야기가 궁금해졌지만 아무것도 묻지 않고 카페를 나와 조용히 로그아웃을 했다.

토분에 붙은 '명품' 라벨은 발달치료에도 붙어 있었다. 여섯 살 정원이는 한 주에 20회기 가까이 센터를 다녔다. 센터 대기실에서는 '주당 40시간을 하면 따라잡을 수 있다'부터 '모 센터 K치료사에게 가면 100% 말문이 트인다'는 소문까지 돌았다. 엄마들은 의사에 명의가 있듯, 치료사도 그럴 거라 믿었다. '기적'의 치료는 매 시즌마다 다른 방식으로 유행했다. 나는 유명한 언어재활 수업을 찾아다니는 것만으로 버거웠다. 경력이 많은 치료사, 센터장인 치료사 위주로 찾아다니고 조언을 구했다. '유명한' 수업의 대기를 뚫고 넣어주는 게 최선의 답이라 여겼다. '명품 치료가 아이를 빨리 깨우치게 할 것'이라는 믿음으로 기약 없이 기다렸다.

'어머님, 저희 어머님들은 한 타임 자리 나도 서로 가져가려고 막 싸우세요. 지금 하는 아이가 종결돼야 오실 수 있을 거 같아요. 자리 나면 연락드릴게요.'

'그럼요, 잊지 말고 꼭 부탁드립니다.'

그중 전설처럼 전해오는 '오피스텔 치료사'도 있었다. 말부터 생활, 배변까지 다 가르쳐준다고 들었다. 어렵사리 연락처를 수소문해서 문자를 보내고 대기했다. 간절했다.

정원이가 일곱 살 초여름이었다. 초등학교 입학 전이라 아이의 미래가 불안했다. 그때 Y의 블로그 구독을 끊지 않고 먼저 물어봤다면, 조언을 더 받을 수 있지 않았을까 싶었다. 오랜만에 토분 카페로 돌아가 말을 걸었다. 5년이란 시간 동안 나도 달라졌었다. 도망치듯 거리를 두었던 Y에게 말을 걸었다. 그에게 정원이의 장애를 알렸을 때,

'아이가 커도 사회는 바뀌지 않아요. 성인 이후에 사회에 나가면 갈 곳이 없어요. 초등학교에 입학한다구요? 아무도 믿지 마세요.'

라며 Y는 갑자기 쏟아내듯 자신의 아이에게 그 시절이 잔혹했다면서 말을 꺼냈다. 가슴이 철렁했다. 그 당시의 나는 그의 말을 완전하게 이해할 수 없었다. 다만 한 줄의 글에서 깊은 절망이 선명하게 느껴졌다. 그리고 Y의 아이보다 정원이의 시계가 더 느리게 가고 있다는 것을 알고 있었다. 손에 쥐고 있던 스마트폰이 여름인데도 차갑게 느껴졌다.

'어머님, 정원이 차례가 되었어요.'

그해 늦은 여름이었다. 몇 년 만에 오피스텔 치료사의 문자가 왔다. 조건은 지금 정원이가 배우고 있는 모든 재활치료를 그만두고, 그 치료사의 치료만 매일 하라는 것이었다. 한 달에 300만 원의 모험이었다. 모든 치료를 그만둬도 대출을 받아야 했다. 정말 기적이 일어날까? 정원이는 막 '마이토키(보완대체의사소통기기/앱)'를 배

우는 시점이라 망설였다. 나는 아이가 사회 안에서 나름의 방식으로 살아가는 것을 원했다.

'어머님, 지금 발달을 끌어올리지 않으면, 초등학교 3학년까지 소근육을 완성하지 않으면 어머님의 희망은 불가능해요! 평생 일반 사회에서 살기 힘들어요. 지금 하시는 AAC(보완대체의사소통)는 지금 발화가 없는 정원이에게는 큰 효과가 없어요.'

치료사의 수업을 확정해야만 아이와 함께 대면 상담을 할 수 있었다. 정원이를 직접 본 적이 없는데도 확신하는 문자를 한 번 더 읽었다. 오피스텔 치료사의 말이 옳을지도 몰랐다. 나는 문자로 모든 것을 결정해 답해야 했다. 그러나 아이의 미래를 단정하는 문자가 날카롭게 느껴졌다. 마음을 굳혔다.

"선생님, 저는 정원이를 잘 알고 있어요. 무모한 욕심은 내지 않아요. 무리하지 않는 것이 포기라는 생각은 들지 않습니다."

거절은 처음이어서 심장이 쿵쿵거렸다. 늦여름의 매미 소리가 귀에서 웅웅거렸다. 수업을 듣는 동안 행복하지 않을 것 같았다. 그래서 거절했다. 지난 시간 동안 겨우 만들어낸 지금의 '리듬'을 포기할 순 없었다. 하늘을 보았다. 성인이 된 정원이를 보며 지금의 선택을 후회할지도 모른다고 생각했다. 센터 대기실의 네모난 창문의 하늘 역시 선명한 파란빛이었다. 지금도 어디선가 새벽별을 보면서 잠든 아이를 데리고 고된 일상을 견디는 엄마들도 있었다. 나 역시 그랬다. 지금은 '하나의 답'에 모든 것을 걸 수는 없었다.

나는 정원이와 함께 하루하루 사는 것이 더 중요했다.

2025년 오피스텔 치료사가 말했던 '그' 3학년이 되었다. 초등학교에 입학하고 나니 아이들은 조용히 거리를 둘 뿐이었다. 가볍게 동네 산책길에서 만나면 '정원아' 하고 인사했다. 한 동네에 살아도 물에 섞인 기름처럼 겉돌았다.

Y의 말이 틀렸다는 게 아니었다. 아직 제대로 겪지 않았을지도 모른다. Y의 20년은 그의 진실이었다. 정원이의 20년이 같으리란 법은 없었다. 그의 근황이 궁금했다. 블로그를 찾으려다 그만두었다. Y의 진실은 그대로 놓아두기로 했다. 그리고 정원이와의 여정은 우리의 몫으로 남겼다.

정원이는 당시의 내가 가졌던 희망만큼 자라지 않았다. 오피스텔 치료사의 예상보다도 더 정원이의 시계는 천천히 흘러갔다. 2년 사이에 두 번의 전학을 반복할 만큼 사회에서 어려움을 겪었다. 아이가 성인이 되었을 때의 미래가 기대보다 밝지 않을 수 있음을 이제 알고 있었다.

정원이와 함께 손을 잡고 하늘을 보았다. 하늘은 맑았고 높았다. 도달할 수 없다 하여 보지 못하는 것은 아니었으니까.

우리는 길을 천천히 걷기로 했다. 걷는 동안 행복한 것이 좋았다.

운명은 선택할 수 없지만 오늘의 행복은 선택할 수 있었다. 설령 목적지에 도착하지 않더라도 어떻게든 살아갈 수 있었다. 아이는 완성해야 할 목표가 아니었다. 울고 웃는 따뜻한 존재였다. 살아 있다는 것은 완벽하지 않다는 것과 같았다. 답은 정해져 있지 않았다. 정원이의 속도에 맞게 하나씩 알아갈 뿐이었다. 그것이 내가 찾은

'답'이었다.

요즘은 내년 봄에 무엇을 심을지 빈 토분들을 보며 천천히 고민한다. 심고 가꿀 수 있을 만큼의 계획에 마음이 놓였다. 빈 토분을 쓰다듬으면 거칠고 투박한 촉감이 좋았다. 삶의 여정은 아이가 가진 성장의 속도에 따라 계속 수정되고 바뀌었다. 올해 꽃이 피지 않았더라도, 물을 주고 정성을 들이면 내년에는 피어날 수 있으리라.

나는 씨앗을 심는 마음으로 살아가고 있다.

고독한
정원사의
위시 리스트

'으아! 유리옵스(*Euryops pectinatus*), 라벤더(*Lavandula*)도 사야겠다. 아, 로즈마리(*Salvia rosmarinus*)도 다시 도전해볼까?'

여느 때처럼 주문을 외우듯 식물 생각을 했다. 힘들면, 사고 싶었다. 새벽부터 나가자고 우는 정원이를 보면 더 그랬다. 아, 이번 봄은 길었다. 끝이 보이지 않았다. 초봄에 계획했던 새로운 식물들은 꽃잎 한 장 구경하지 못했다. 아무것도 심지 못했다. 아이가 개학하면 꼭 쇼핑해야지 마음먹었던 식물들로 메모장을 채웠다. 그렇게 버텼지만, 현실에 화분은 들여다볼 틈은 없었다.

생존수영과 '태풍 주간'

2년 전 전학 온 S초등학교는 소규모 학교였다. 정원이는 3학년이 되었다. 작년까지 함께했던 도움반 형들이 1졸업하고 나니 정원이 한 명만 남았다. 도움반 인원이 세 명 미만이라 실무사 배치가 안

됐다. 통합수업 지원은 자원봉사와 정원이의 활동지원사가 메웠다. '발달장애인 활동지원 바우처'는 '가정 돌봄'을 지원하는 국가 제도로, 가정의 부담이 일부 있었다.

학기 초 개별화 회의(IEP, Individualized Education Program) 때 정원이가 생존수영에 참석하기 어려울 것 같다고 도움반의 K교사가 조심스럽게 말했다. 지정된 수영장에 가족 탈의실이 없고 지원 인력의 성별이 달라 개별 탈의실 사용은 어렵기 때문이었다. 또 정원이가 소변 실수라도 하면 통합반 친구들에게 부정적인 인상을 남길 수 있다고 덧붙였다.

"네, 선생님. 정원이는 장애인을 대상으로 한 수영 수업을 다니고 있으니 괜찮아요."

나는 웃었다. 덤덤하게 생존수영 일정에 맞춰 예약해두었던 아이의 대학병원 정기진료 날짜를 알려드렸다. 생존수영에는 불참을 표기했지만, 기분은 그리 좋지 않았다. 합리적 결정이었다. 그럼에도 마음 한구석이 저렸다. 기대가 있었으니까. 친구들에게 정원이가 수영하는 모습을 보여주고 싶었다. 마음에 남아 있던 봄은 어느새 자취를 감추었다.

생존수영은 포기했지만 봄은 우리를 가만히 두지 않았다. 수영 시작 이틀 전, 정원이는 식사를 거부하기 시작했다. 올해 들어 정원이는 유난히 배가 자주 아팠다. 언어 표현이 어려운 정원이는 배가 아프면 밥을 일절 입에 대지 않았다. 우리 집에서 '태풍 주간'은 배앓이로 일상이 1~2주 멈추는 기간을 뜻했다. 이 시기에는 평소 잘 되던 협조도 되지 않았다. 시작은 배앓이였지만 나가자고 고집 부리는 후유증은 계속됐다. 결국 일주일간 결석계를 냈다. 아직 5월이었는데 장기 결석만 벌써 세 번째였다. 한숨이 나왔다. 무엇인가 지는 기분이었다. 나는 누구를 이기고 싶었던 것일까.

이 시기는 배가 아프면 나가야 했다. 달래기 위해 몇 시간이고 목적지 없이 차를 태웠다. 그러나 문제는 그게 아니었다. 어느 날 저녁 울음의 강도가 점점 더 거세져서 거리를 두고 지켜보던 중이었다. 욕조에서 물놀이를 하면서 기분이 조금이라도 좋아지길 기다렸다. 갑자기 물소리가 뚝 끊겼다.

"정원아! 위험해!"

정원이가 현관문 밖으로 갑자기 혼자 나갔다. 순식간이었다. 젖은 발바닥 자국이 바닥에 찍혀 있었다. 심장이 쿵쿵 뛰었다. 걸쇠가 있었지만 아이는 쉽게 열었다. 느린 화면처럼 속옷만 입은 채 주차장의 차 옆에 서 있는 정원이의 모습만 보였다. 나는 그 어느 때보다 빠르게 움직였다. 맨몸의 아이를 부둥켜안고 다시 집에 오는 시간이 더디게만 흘러갔다. 길 건너 놀이터에서 노는 아이들이 모두 정원이를 바라보는 것처럼 느껴졌다.

그날 밤 현관문에 정원이 손이 닿지 않는 높이에 걸쇠를 달았다. 철컥 – 차가운 금속이 닿자 터질 듯 뜨거웠던 심장이 제 속도를 찾았다. 이제 현관문은 바깥에서 열 수 없었다. 이번 봄은 태풍 주간의 간격이 유난히 짧아졌다. 아이와 나의 세계는 넓어진 듯하다가 좁아지고 있었다. 모든 일상이 멈춰버렸다. 늘 맑은 날은 없다지만 이번에는 억울했다. 내내 애써와도 막을 도리가 없었기 때문에.

계곡에서 건너는 '고비'

태풍 주간은 배앓이가 나아도 계속 이어졌다. 새벽부터 일어나서 나가자고 울다 지친 정원이는 현관문 앞에서 진을 치고 앉았다. 한 시간 내내 나가기만을 기다렸다. '고비'였다. 2학년 때는 귀를 막고 움직이지 않았다. 고비는 매번 왔고 그걸 넘는 게 아이와 나의 과제였다. 이 위기를 넘으면 다시 성장의 열매를 맛볼 수 있었다. 비록 아주 작은 버찌만큼일지라도, 괜찮았다.

"정원아, 울음을 그치면 나갈게. 엄마가 약속할게."

울지 않으면 나가기로 했다. 6시 48분. 울음이 잦아들었다. 아이는 애써 울음을 참으며 나를 바라보고 있었다. 아침 7시도 안 된 이른 시간이었다. 어디로 가야 할까. 가까운 계곡으로 가기로 마음을 정하고 나가고 싶은 마음에 혼자 옷을 뒤집어 입은 정원이에게 손을 내밀었다. 난 빙그레 웃고 다정히 말했다.

"정원아, 나가자."

20분가량 차를 달려 가까운 계곡에 왔다. 평일 아침의 산책로는 한산했다. 이곳을 택한 이유는 집에서 그리 멀지 않았고 장애인 주차장이 연결되어 있기 때문이었다. 아침 공기는 쌀쌀했고, 물소리는 시원했다. 정원이의 표정이 조금 풀렸다.

"엄마 손 잡고 가자. 배 아프면 좀 걸어야 나아져."

우리는 손을 잡고 걸었다. 발걸음마다 노래처럼 혼잣말을 얹었다. 목은 갈라졌지만 낭랑하게 기분을 끌어올렸다.

"정원아! 와, 나무다. 계속 물소리가 졸졸졸 참 좋네! 우리 정원이가 울지 않고 나와서 이런 좋은 데 왔구나. 잘됐다. 고마워. 하늘에 구름도 많아. 덥지 않아서 좋아."

맞은편에 새벽 등산을 마친 등산객들이 내려왔다. 산책길은 그늘이 드리워져 시원했다. 정원이는 더 이상 떼쓰지 않았다. 산비탈에 고사리들이 빼곡했다. 물소리만 남았다.

고개를 들었다. 나무 사이 흰 구름이 아득했다. 하늘은 어디에나 있었다. 바람에 사각거리는 나뭇잎 소리가 가까이 들렸다. 아이는 손을 뻗어 나뭇가지를 만지작거렸다. 아직 새로 난 잎은 연둣빛으로 투명했다. 아침햇살에 우리의 그림자가 나란히 길게 늘어졌다. 옆에서 들리는 아이의 숨소리가 점점 차분해졌다.

지금의 나는 정원이가 울지 않고 잘 기다리면 꼭 나가기로 약속하고 있다. 한번 약속하면 꼭 지켜줬다. 아이도 울지 않고 요청하는 법을 배웠다. 학교에 가지 않으면 정원이는 괜찮았다. 체력만 허락하면 이렇게 둘만 다니면서 이것저것 배우는 것은 그리 어렵지 않았다. 좁고 단순한 세계는 우리 둘만 있어 마치 미지근한 물처럼 편안했다. 한 가지를 빼면, 사람. 아이의 고비는 넘겼지만, 나의 고비는 남아 있었다.

고독한 정원사의 추억

"어머님 말씀처럼 정원이랑 나는 집에 있을게. 사촌 결혼식은 당신만 올라가. 사람 많아서 소음이 크면 정원이도 힘들 거야."

정원이가 자랄수록 사회적 만남은 계속 어려워졌다. 아이의 성장과는 또 다른 문제였다. 친척 모임도 점점 힘들어졌다. 낯선 곳에서는 꼬박 밤을 새우니 여행도 힘들어졌다. 결혼 전의 나는 2주씩 연수도 가고, 영화 스태프로 전국을 돌아다녔다. 자유로웠던 시절은 더 이상 오지 않았다. 정원이를 돌보는 일 외에 나를 위해 뭐라도 할 수 있는 시간이 나면 고마운 나날이었다.

전화 받기도 어려웠다. 사람들은 이해하지 못했다. 부재중 통화만 늘었다.

"전화 못 받아서 죄송해요. 제가 정원이 보느라 눈을 뗄 수 없어서요."

"아, 선생님, 제가 운전 중이에요. 혹시 내용이 길면 문자로 이야기 남겨주실 수 있나요?"

사람을 만나 이야기하는 것은 직접 보지 않아도 가능해졌다. 그러나 스마트폰 화면 너머의 꽃은 향이 없었다. 어쩌다 무리하게 욕심을 냈던 자리에 가고 난 뒤에는 삶에 티가 났다. 마치 자국이 남

는 것처럼. 마음의 틈이 생기기 전에 빈자리를 채워야 했다. 나는 주로 식물로 메꾸었다. 이번에는 매번 실패했던 로즈마리에 도전해볼까.

'살 만해서 뭘 하는 게 아니라 이거라도 해야 숨을 쉴 수 있다고.'

나는 정원이 보려면 쉬어야 한다는 말이 싫었다. 정원에 나가 잡초라도 뽑아야 마음이 편해졌다. 때로는 아이가 나를 묶어두는 것처럼 느껴졌다. 이 태풍 주간이 언젠가 끝나는 것을 알았지만, 견디는 것 자체는 어려웠다.

'나 이번에 D로 출장 가. 시간 되면 얼굴을 보자.'

'그래, 정원이 맡기고, 근방으로 나갈게.'

얼마 전 친구 B를 만났다. B는 대학 1학년 겨울방학 동아리 연수에서 만나서 지금까지 한두 해에 한 번 정도 만나는 사이였다. 정원이의 장애를 알린 오랜 친구 중 하나였다. 고향도 성별도 다르지만, 각자 사는 모습은 비슷했다. 우리는 대학원을 마치고, 결혼도 했으며 아들을 낳았다. 인생의 궤적은 비슷하면서 달랐다. B는 교수가 되어 연구실을 갖게 되었고, 나의 직업란엔 '주부'라 적혀 있다. 서로의 연구실에서 만나자던 15년 전의 약속을 결국 지키지 못했다. 기차를 타고 내려온 B를 만났다. 세 시간은 2년간의 소식을 전하고 생존을 확인하기에 충분했다. 내가 참 대단하다고 B는 말했다.

"그래? 대단한 삶을 살고 싶진 않은걸. 그냥 평범하게 살고 싶었는데. 응, 알지. 그래도 열심히 해야지. 너도 건강해. 잘 가. 또 보자."

B를 입구까지 바래다주고 돌아오는 길이었다. 역 주변의 나뭇가

지 끝이 진한 초록빛이었다. 늦여름 오후의 햇살이 따가웠다. 부우웅. 주머니 속의 스마트폰 진동이 마음을 두드렸다.

'넌 잘 살아왔고 잘 살고 있고 앞으로 더 잘 살 것 같다.'

너 역시 홀로 기차를 타고 스무 살 시절의 젊음을 만나러 왔니. 지난 날 널 만나러 가던 나처럼. 친구가 보낸 답장에 눈이 뿌옇게 시려졌다. 두 눈을 쓱 문지르고 발걸음을 옮겼다. 돌아오는 길 골목에서 꽃집에 들러서 작은 라벤더 화분을 하나 샀다. 봉지 속의 모종을 꺼내니 풀 향이 번졌다. 연보랏빛 꽃대가 오르면, 오늘이 떠오를 것이다. 그러면 충분했다.

침묵 속의 위시 리스트

식물은 언제나 내 곁을 조용히 지켰다. 그 덕에 침묵의 시간을 견뎌왔다. 정원은 늘 설레는 순간을 선물했다. 새싹이 돋고 꽃이 피는 모든 순간은 한참을 보아도 질리지 않았다. 나의 정원에 누굴 데리고 올지 매번 고심했다. 새로움에 들뜨는 마음이 내게도 필요했다.

태풍 주간이 끝나가는 주말이었다. 나가고 싶어 하는 정원이와 가까운 수목원에 갔다. 비바람이 들지 않는 온실은 황금빛으로 채워져 있었다. 평소 보고 싶었던 식물을 보니 마음이 편해졌다. 곁에 있는 정원이도 귀를 막지 않고 천장을 가리는 넓은 야자수의 잎을 신기한 듯 바라보았다. 이곳이 좋은지 콩콩 뛰며 까르르 웃었다. 수목원에는 노지에 어울리는 식물, 흔히 볼 수 없는 식물들도 많았다. 당장 들이지 않아도 원했던 것을 볼 수 있었다. 옛 시절의 젊음을 상기하면 지금의 현실을 잠시나마 잊을 수 있었지만, 지난 꿈에 대한 상실이 밀려와 마음이 시렸다. 시큰한 속을 덮듯 새로운 식물들을 찍어두며, 우리 집 정원에 놓을 궁리를 했다. 그 시간으로 돌아가지는 못해도, 화분 하나는 들일 수 있었다. 저기 있는 샛노란 꽃의 유리옵스라도 키워볼까. 마음속 위시 리스트가 업데이트되는 순간, 야외 정원의 미래를 꿈꿀 수 있었다. 어느새 고독함은 잊었다.

내 옆에는 아이가 있었다. 정원이는 '기쁨'을 가득 안은 채 활짝 웃으며 나를 바라보았다. 아이는 내 마음 안에 있었다. 태어날 날부터 오늘 밤 내 곁에 잠드는 모든 순간이 하나하나의 꽃처럼 피어 있었다. 끝이 보이지 않는 광활한 꽃밭처럼. 정원이는 나에게 가장 중요한 '꽃'이었다.

'엄마가 외로워해서 미안해.'

꿈꿀 수 있다는 것만 있어도 삶은 이어졌다. 아이를 꼭 안았다.

'네가 있기에 지금의 나도 여기 있었네, 아가.'

"정원아, 사랑해!"

나는 지금의 내가 좋았다. 정원에 모든 것을 데려올 순 없겠지만 기회가 생길 수 있다고 믿었다. 창틀에 놓인 라벤더 향기가 느껴졌다. 위시 리스트는 멀리 있지 않았다. 바로 지금, 이 순간에 있었다.

인터뷰

정원(이)을 잘 키우는 다섯 가지 비결

'어떻게 하면 식물을 이렇게 잘 키우죠? 비결이 있나요?'

'어떻게 하면 정원이를 잘 키우죠? 힘들지 않아요?'

숨 가쁘게 살아온 지난날을 한 문장으로 답하긴 어려웠다. 식물을 키우면서 아이를 키운 시간을 되짚어보았다. 베란다 식물 사진을 보여주면 사람들은 비결을 물었다. 사진은 늘 식물이 예쁠 때를 골랐으니까. 애니시다(*Cytisus scoparius*)의 노란 꽃이 폭죽처럼 활짝 피었을 때 – 그 순간을 영원히 붙들고 싶었다. 아이 사진도 마찬가지였다. 정지된 화면 속 정원이는 여느 아이와 다름없었다. 종일 지켜보고 적절한 순간에 말을 건네는 것은 신경이 곤두서는 일이었다. 입을 쭉 내밀고 귀여운 표정을 지을 때 정원이는 사랑스러웠다. 빛나는 눈으로 엄마에게 하트를 그려줄 때를 영원히 기억하고 싶었다. 햇살처럼 빛나는 순간을 사진에 담았다.

정원(이)을 '잘' 키우는 비결이 있을까. 사진에는 동백꽃이 지는 순간도 있다. 보통 꽃이 톡 지는 순간은 잘 담지 않는다. 육아도 그

랬다. 그래서 물었다 – 정원사와 정원맘에게.

Q. 제일 신경 쓰는 것은 무엇이죠?

정원사 : 저는 물주기입니다. 간격이 핵심이죠. 늘 챙겨요. 그날이 맑았는지, 습했는지, 계절과 온도도 중요해요(웃음). 아침에 온도·습도를 보고 정해요. 같은 저만의 리듬이 있거든요.

정원맘 : 어머, 우리 집에선 잠이 제일이에요. 푹 자야 다음 날 일과를 잘 보내거든요. 낮 활동, 수면 분위기, 깨는 시각까지 다 챙겨요. 정원이는 온습도나 계절마다 잠의 리듬이 바뀌거든요. 일찍 잠들지 못한 날도 많아요. 가끔 새벽 2시까지 깨어 있답니다. 그런 날이 며칠 계속되면 저도 화를 낼 때도 있어요. 무척 피곤하거든요.

(하늘에 낮게 구름이 끼었고,
곧 소나기가 내렸다.
창문에 물방울이 맺혔다.)

Q. 둘째, 자리를 어디에 두나요?

정원사 : 해가 드는 자리요. 바람도 통해야 하고요. 식물마다 필요한 자리는 조금씩 달라요. 실내는 해가 드는 자리가 한정적이라 우선순위를 정해 배분합니다. 꽃 피는 식물을 먼저 자리에 두죠. 율마(*Cupressus macrocarpa 'Goldcrest Wilma'*) 같은 경우에는 물도 중요하지만 바람이 잘 드는 자리가 정말 중요해요. 어떻게 아냐고요? 해마다 키우면서 배워요. 키우는 집 환경도 중요합니다. 계절마다 고도가 달라질 때 화분을 옮깁니다. 여름엔 안쪽, 겨울엔 창 가까이, 이런 식이죠. 식물마다 '지금 맞는 자리'를 찾아주는 일 – 귀찮아도 해야 해요. 그래야 잘 큽니다.

정원맘 : 아이도 그래요. 잘 되는 자리 – 예측 가능한 루틴, 과하지 않은 자극, 익숙한 동선. 환경을 미리 적절하게 바꿔주면 하루가

조금 더 수월해져요. 미리 이야기해주고 기다리는 것도 중요하고요. 유치원 때 식판 소리에 예민했어요. 자리를 시끄러운 곳에서 조금 멀리 옮겨주자, 밥을 훨씬 잘 먹더라고요. 하루 일과도 그림이나 사진으로 미리 보여주면 아이가 예상할 수 있어서 안정감을 느껴요. 낯선 식당에 갈 때는 익숙한 식판을 챙겨 갑니다. 그러면 낯선 환경을 조금 더 쉽게 받아들여요.

Q. 정원을 가꾸면서 혹은 정원이를 키우면서 어떤 점이 힘드셨죠?

정원사 : 기다림이요. 꽃대는 보이지 않는 밤에 자라잖아요. 어느 날 문득, 봉오리였던 꽃이 피기도 하고요. 매일 본다고 쑥쑥 자라진 않습니다. 잘 크라고 물을 자주 주거나 흙을 자주 갈아주면 오히려 해가 되더군요. 손을 거두는 기다림이 필요해요. 욕심을 내려놓아야 하죠.

정원맘 : 저도 비슷해요. 발달이 느리면 주변 아이들과 차이가 크니까 재촉하거나, 답답해서 미리 해주곤 했죠. 지금은 '가자' 하고 속으로 다섯을 셉니다. 아이가 듣고 행동할 시간을 주는 거죠. 누워서 떼를 쓰면 바로 '일어나'가 아니라 같이 앉아서 '앉아'부터, 잠시 기다렸다 '일어나', 그러면 천천히 하더라고요. 작게 쪼개 가르쳐요. 신발 신기, 옷 입기, 주스에 빨대 꽂기… 하나하나 기다리고 응원하며 반복해요.

(비가 그치고 창문을 반쯤 열자,
블루스타 펀의 잎이 바람에 따라 흔들렸다.)

Q. 가드닝 또는 육아에서 기본은 무엇이라 생각하나요?

정원사 : 흙이요. '완벽한 흙'은 처음부터 없어요. 물주기 습관·채광·통풍에 맞춰 섞어 가며 배워요. 조금씩 새 흙을 보태 '몸살'을 줄입니다. 처음부터 아주 큰 화분에 심으면 오래 잘 크지 않아요. 아이에게 큰 옷을 입히는 것과 같죠. 뿌리가 자랄 여지를 남기며 차근차근 큰 화분으로. 물을 자주 주는 편이면 배수가 더 잘 되게 섞고요.

정원맘 : '먹는 법'이에요. 익숙한 것 옆에 새로운 맛을 한 숟갈 두어요. 입맛도 흙처럼 '섞이면서' 넓어집니다. 정원이는 감각이 예민해서 맛을 경험하는 게 어려웠어요. 이유식 후엔 흰 밥, 소고기 안심, 조기 구이만 먹었죠(눈물). 은인은 김치였어요! 김치볶음, 김치찌개, 생김치… 깍두기와 파김치까지. 지금도 먹지 않더라도 반찬 그릇에 담아 가까이에 둡니다. 언젠가 한 번쯤 집어먹으라고요. 억지로 권하지 않고, 아주 천천히. 지금은 잘 먹는 아이가 되었어요. 먹는 고비만 낮아져도 삶이 훨씬 편해집니다.

Q. 아플 때는 무엇을 빠뜨린 걸까요?

정원사 : 바람이요. 통풍이 안 되면 흙이 잘 마르지 않고 벌레가

생겨요. 창을 열고, 길목을 만들죠. 잎이 살짝 흔들려야 튼튼해집니다. 실내일수록 더 신경 써야 해요. 야외는요? 다 챙기기 어렵죠. 약을 치기도 하지만, 결국 살아남는 식물을 키우게 됩니다. 저도 야외는 아직 2년 차입니다(웃음).

정원맘 : 아플 땐 정말 힘들죠. 루틴이 무너지고 평소 협조도 어려워져요. 정원이는 까다로운 아이예요. 휴, 챙길 게 많답니다. 배가 아프면 약을 먹어야 낫는다는 걸 최근에야 배웠죠. 그전엔 수액이나 채혈도 힘들었어요. 힘들어할 땐 견딜 만큼만 하게 해요. 스트레스를 줄이는 게 아이에겐 중요한 일이거든요. 그날의 목표치를 낮춰요. 수업은 쉬고, 전환을 자주 주고, 푹 재우고요.

Q. 관찰과 기록은 하세요?

이구동성 : 그럼요! 제일 중요해요. 꼭 합니다.

정원사 : 언제 분갈이했고, 어느 자리에 두니 꽃이 피었는지 짧게라도 적어두면 다음 계절이 쉬워져요. 겉흙만 보지 말고 '무게'를 봅니다. 가벼우면 준비, 무거우면 대기. 오늘 날씨도 고려하고요. 실내에선 물주기 비슷한 식물끼리 묶어두면 편합니다. 귀찮을수록 더 기록해 둬야 관리가 수월해지죠.

정원맘 : 저도요. 일어나고 자는 시각이랑 총 수면 시간. 식사를 했는지, 약은 언제 먹었는지를 기록했어요. 평소와 다른 행동을 한 게 있으면 그것도 적었죠. 정원이의 눈빛이나 손짓, 고갯짓 같은 행동을 늘 지켜봐요. 이게 정원이의 언어거든요! (웃음) 아, 꼭 해야 하

는 일에는 단호하게 말해 줘요. 아이도 제 표정을 보고 판단하거든요. 기록하면 정원이만의 루틴과 규칙이 보여요. 어떤 상황에서 어떤 행동이 나오는지 알 수 있어요.

(해가 동쪽에서 서쪽으로 기울면,
로즈마리의 그림자가 마루의 지도를 바꿨다.)

Q. 두 분이 가장 중요하게 생각하는 것은?

정원사 : '많이'보다 '살아 있음'. 연둣빛 새순 하나면 충분합니다.

정원맘 : '함께'. 남의 속도 말고, 오늘 우리 둘의 속도. 미래의 불안 때문에 오늘을 힘들게 살고 싶진 않아요.

Q. 마지막으로, 다른 정원사나 또 다른 정원이를 키우는 사람에게?

정원사 : 집을 먼저 보세요. 우리 집에 드는 빛의 방향, 바람의 길목, 키우는 사람의 하루 시간표. 식물은 그다음이에요. '우리 집에 잘 맞는 것'부터 시작하면 실패가 줄어요. 그리고 자신의 습관을 돌이켜 보세요. 나와 맞는 식물이 보일 겁니다.

정원맘 : 아이를 먼저 보세요. 오늘의 표정, 몸의 온도, 좋아하는 질감. 자폐는 아이마다 달라요. 스펙트럼은 '고유한 특성'의 다른

얼굴이에요. 요령은 책에서 얻되, 답은 아이에게 있어요. 행동과 표정을 잘 관찰하는 게 가장 빨라요.

인터뷰가 끝나고 정원사는 모종삽을 공구함에 넣고 물뿌리개를 들었고, 정원맘은 상징 카드가 담긴 가방을 챙겼다. 카드 귀퉁이에는 그간의 손때가 묻어 있었다. 가방에는 정원이의 간식과 여벌 속옷도 들어 있다. 누군가를 돌본다는 건 많은 준비가 필요했다. 악수를 나누는 둘의 손등엔 같은 가시에 긁힌 상처가 있다. 정원사의 무릎엔 미처 털지 못한 흙이 묻어 있고, 정원맘의 티셔츠에는 아이를 돌보다 묻은 김치국물 자국이 남아 있다. 정원사가 들고 가는 물뿌리개 끝에 맺혔던 물방울이 톡 떨어졌다.

밝게 웃는 두 사람의 머리 위에 저녁 햇살이 반짝였다.

맞잡은 두 손의 그림자가 길게 늘어나 한 사람의 모양을 이루고 있었다.

정원은 계절마다 조금씩 자리를 바꾸었고, 엄마와 아이의 리듬도 매일 미세하게 조정됐다. 우리는 '잘' 키우는 대신 '함께' 살기로 했다. 완벽한 비결은 없었다. 다정히 바라보고 기다리며, 매일의 선택을 기록해 이정표로 삼았다. 우리가 날마다 고르는 정답은, 꾸준하게 살아가는 '지금'이었다.

3장

가시투성이 정원을 가꾸는 법

까다로운 율마와 다정한 거리감

어머, 따가워라.

나는 율마의 잎을 쓰다듬는 것을 좋아했다. 월동을 위해 베란다로 들여왔는데 잎이 까슬까슬했다. 평소와 달리 유난히 까칠한 느낌이었다. 추운 날씨이다 보니 물주기 타이밍을 놓쳐 물마름이 시작되었다. 결국 노랗게 말라버려 죽고 말았다. 두 번째 실패였다. 10년을 키워도 방심할 수 없는 식물이 율마였다.

정원이를 키우는 일도 다르지 않았다. 환경을 바꾸고 정성을 들여도 계획대로 되지 않았다. 초등학교 생활에서 이리 몸살을 앓을 줄 몰랐다. 두 번의 전학을 했다. 아이는 겨우 초등 3학년이었다.

어린이집에서 '다정한' 도움반으로

2019년 가을, 정원이는 K어린이집에 입소했다. 그러나 8개월 내내 하루에 두어 시간씩밖에 머물지 못했다. 같은 반 네 명 중 정원이만 스스로 신발을 신지 못했다. 크리스마스 파티에서는 율동하는 친구들 뒤에서 혼자 무대장식을 만지작거리는 아이만 도드라졌다. 가슴이 서늘해졌다. 다음 날, 원장은 조심스럽게 말했다.

"만 4세 반은 다니기 어려울 것 같아요. 특수교육을 고려해보세요."

원장이 덧붙인 '여기서 일곱 살까지 다니는 건 기적일지 모른다'는 말의 의미를 가늠하기 어려웠다. 새로 생긴 직장 어린이집이라 가깝고 시설도 좋아 보내고 싶었을 뿐, 정원이가 장애를 갖고 태어날 줄은 상상하지 못했다. 율마의 마른 가지를 잘라내며, 옛 어린이집 기억에 살짝 투덜댔다.

율마는 상큼한 향을 주고 삶의 활력을 더해주는 존재였다. 매일 '폭풍 성장'을 해서 어깨를 으쓱하게 했던 자랑거리였다. 정원이도 율마처럼 잘 자랄 줄 알았다. 그러나 이듬해 봄, 정원이는 K어린이집에서 M유치원 도움반으로 옮길 수 밖에 없었다. 다행인 것은 도움반 J교사는 매일 정원이의 변화를 알려주었다.

"아버님! 어머님! 걱정 마세요!"

"정원이가 제 무릎에 앉아 기대줬어요. 이제 익숙해졌나 봐요. 참 예뻐요."

갓 대학교를 졸업한 도움반 J교사의 다정한 말에 눈물이 왈칵 났다. 무지의 항해에서 닻을 내린 기분이었다. 아이를 키우는 동안 언제나 미지의 선택을 해야만 했다. '장애'라는 낯선 바다를 건너는 과정은 낯설고 까다로운 식물을 돌보는 일만큼 당혹스러웠다. 정원이의 시계는 도움반 아이들 사이에서도 이상하게도 느리게 흘렀다. 따라잡을 수 없었을 것만 같았지만, 노력으로 메꾸면 된다고 믿었다.

정원사가 까탈스러울 수밖에 없는 이유

2021년 봄, 여섯 살 정원이가 첫 발작을 했다.

자폐 스펙트럼을 가졌을 경우 뇌전증의 유병률도 높다고 알고 있었다. 앞으로 10년 동안 재발하지 않으면 해프닝으로 지나갈 수도 있다고 했다. 스트레스를 덜 받는 것이 중요하다고 말했다. 그 말의 뜻은 나는 이제야 알게 됐다.

"정원이 엄마, 왜 이리 힘들게 정원이의 자리를 골라요? 첫 번째는 아예 이사를 하고 두 번째는 월세를 얻고. 부담이지 않아요? 특수학교든 특수학급(도움반)이든 애가 하기 나름이에요. 사는 거 다 똑같아요. 나는 형제가 있어서 쉽게 이동을 못 하니 그냥 버텼어요. 그렇게까진 못 해요."

센터에서 만난 엄마가 물었을 때 스트레스 관리가 중요하다고 말했다. 율마를 처음 키웠을 때가 생각났다. 8년간 키웠던 첫 번째 율마의 뿌리가 답답해 보였다. 4천 원짜리 작은 모종이 사람 키만큼 자랐기에, 집에 오는 누구나 감탄했다. 율마는 화분 밑 물구멍에 뿌리가 빠져나올 정도로 내내 같은 화분에 살았기에 오랜만에 분갈이를 시도했다. 과감하게 뿌리를 잘라내고 더 좋은 화분으로 옮긴 날부터 잎이 빠르게 갈색으로 탔다. 햇살에 화상이라도 입은 듯 몸살이었다. 결국 순식간에 첫 번째 율마를 보내줄 수밖에 없었다.

일곱 살 여름, 정원이는 14개월 만에 다시 발작을 했다. 이제 해프닝으로 치부할 수 없어서 아이를 눈앞에 두고 싶었다. 당시 진학할 수 있었던 특수학교는 모두 외진 곳에 있었고, 대학병원까지는 한 시간 거리였다. 집 가까운 곳에서 학교를 보내고 싶었다. 그래서 통합교육을 선택했다.

가장 가까운 곳이 J초등학교였다.

물마름이 두려워 '과습'이 오다

2023년 정원이는 J초등학교에 입학했다. '가까우면 괜찮겠지'라는 기대는 입학과 동시에 무너졌다. 학군지의 과밀 학교는 아이에게 유연한 구조로 느껴지지 않았다. 3주 만에 전학을 결정했다. 정원이가 자라기에는 적합한 곳이 아니라고 판단했다. 맞지 않는 곳에 억지로 뿌리내리다가는 다칠 수 있었다. 조심스러웠다. 아니나 다를까, 정원이의 불안이 올라왔다. 귀를 막고 웅크린 아이를 보고 결석계를 냈다. 처음으로 보는 아이의 모습에 놀라 빠르게 움직였다. 율마처럼 물주기 타이밍을 놓치면, 아이가 스트레스를 받을까 두려웠다. 이곳에 두었다가는 정원이도 물마름이 올 것 같았다. 두 달 뒤, 정원이는 S초등학교로 옮겼다. 첫 번째 전학이었다.

전학한 뒤 나는 필사적이었다. 매일 아를 등교시키기 전 도움반 K교사에게 정원이의 수면·식사·컨디션을 미리 정리해 보냈다. 날마다 물 주듯 세심하게 살폈다. 단 하나뿐인 아이가 아픈 것도 실패하는 것도 원하지 않았다. 적응은 율마처럼 뿌리를 건드리지 않도록 조심스럽게 분갈이하듯 이뤄졌다. S초등학교에서 천천히 뿌리

내릴 수 있기를 소원했다. 정원이는 조금씩 자랐다. 아이든 식물이든 생명에 대한 책임은 부지런한 관심으로 유지되었다. 물을 주어야 하고 바람을 통하게 해야 했다. 나는 열심히 물을 주려고만 애썼다. 물주기 간격이 적당히 있어야 흙이 마르는 사실을 그만 잊어버렸다. 과습이었다.

금이 간 화분, 이제 '분갈이'를 해야 할 때

2년이 흘렀다. 아이는 3학년이 되었다. 오래된 화분에 틈이 생기는 것처럼 관계도 변화했다. 틈을 무리하게 메꾸려고 했던 게 문제였다. 2년 내내 이어진 컨디션 기록은 결국 '관계의 과습'을 초래했다. 내가 열심히 할수록 학교는 점점 소극적으로 바뀌었다. 결국 엄마의 몫을 늘리는 결과로 이어졌다. 더 가까이, 더 촘촘히 붙잡을수록 숨 쉴 틈을 잃었다. 아이가 자랄 수 있는 여백마저 메꾼 것이었다. 애써 내렸던 뿌리는 다시 흔들렸다.

'통합교육'이란 화분에 금이 갔다. 누군가 헌신해야 유지되는 구조였기 때문이다. 개인의 힘으로 메꿀 수 없었다. 하지만 또 어디론가 가는 것은 용기가 필요했다. 분갈이 몸살이 무서워 틈을 메꾸면 될 줄 알았다. 아무리 공을 들여도 메워지지 않을 때는 멈추고 쉬는 것도 방법이었을 텐데.

'적당한 여백'을 잊지 않고 기다리는 일은 정원이를 키우는 일에서도 중요했다. 아이와 나, 나와 교사 사이에도 숨 쉴 틈이 없었다. 틈은 붙잡지 않을 때 생겼다. 적당하게 바람이 드는 자리가 있어야 했다. 그래야 자신에게 맞는 환경을 알 수 있었을 테니.

지금의 정원이가 더 잘 자랄 곳을 찾아줄 시기가 왔다. 이 시기를 놓치면 걷잡을 수 없을 것 같다는 예감이 들었다. 좋아지다 나빠지기를 반복하다가 어느 한순간 갈색으로 화르르 타버리는 율마처럼. 특수학교의 빈자리를 수소문했다. 두 번째 전학이었다.

바람이 드는 자리의 '다정한 거리감'

2025년 여름, 정원이는 E특수학교로 옮겼다. 이제 애써 메꾸려 하진 않았다. 적응으로 인한 몸살을 하더라도 정원이가 뿌리를 내리는 과정이라 받아들였다. 스트레스도 건강한 과정이라면 괜찮으리라 믿었다. 베란다 정원을 떠나면서 정원사 친구들에게 키우던 율마를 선물하면서 마음을 놓았던 기억이 났다. 잘 키워줄 것이란 믿음이 있었다. 야외 정원으로 이사 온 뒤로는 비와 햇빛이 많은 일을 나를 대신해 해줬다. '다정함'이란 꼭 가까이 곁에 두는 것만이 아니었다. 적당한 거리를 두고 기다리는 것 또한 사랑이었다.

언젠가 나는 세 번째 율마를 들일 것이다. 그때는 서둘러 분갈이는 하지 않겠다. 문틈도 조금 열어두겠다. 율마의 가지가 바람에 흔들리고 흙은 적당히 마를 수 있도록. 전학 간 정원이는 지금, 스스로 뿌리를 내리는 연습 중이다. 나는 기쁜 마음으로 그 과정을 지켜볼 것이다. 아이에게도, 율마에게도, 그리고 나에게도, 한 걸음 물러나 바람이 드는 자리를 남겨두고.

가지치기는
쉽지도
어렵지도 않아

덜그덕, 덜그덕.

2021년 5월이었다. 월요일 아침 8시. 정원이는 거실에서 함께 자는 것을 좋아했다. 아이 옆에서 늘 새우잠을 잤다. '아, 아침이네, 유치원 가야지. 드디어 월요일이구나.' 졸린 눈을 부비며 잠을 깨던 참이었다. TV장 손잡이에 뭔가 부딪히는 소리가 평소와 사뭇 달랐다. 서늘한 느낌에 정신이 확 들었다. 정원이의 첫 발작이 시작됐다. 곤히 잠들었던 아이의 몸이 딱딱하게 굳어졌다. 보라색 입술, 흘러나온 거품, 흔들리는 몸. 멈출 것 같지 않은 진동이 손에 고스란히 전달됐다. 2분은 영원처럼 길게 느껴졌다. 발작이 멈췄다. 아이는 깊이 잠들었다. 이마는 따뜻했다. 아, 살아 있구나. 다행이야.

정원이 아빠는 119에 전화했고 나는 아이를 꼭 안고 있었다.

"저희 아이가 갑자기 자면서, 발작했어요."

"네, 지금 조회되는 곳으로 구급대원이 가겠습니다."

말을 시켜보라는 상담원의 말에 정원이를 조심스럽게 깨웠다.

"정원아, 짠 하자."

여섯 살 아이가 알아듣고 행동할 수 있는 것은 이것뿐이었다. 따뜻한 작은 손이 마주 닿았다. 따뜻했다. 망연해져 눈물이 났다. 대학병원으로 향하는 구급차에서 아이는 반쯤 잠들어 있었다. 코로나19로 인하여 보호자는 한 명만 허락됐다.

"발달장애를 가진 아동은 뇌전증 위험군이에요. 바로 검사를 하시는 게 좋겠어요."

채혈하고 뇌 MRI를 찍었다. 상황 이해가 어려웠던 정원이는 온몸으로 검사와 채혈을 버텼다. 두 팔에 온 힘을 다해 이를 악물고 아이를 붙들었다. 정원이 아빠가 마중을 나왔다. 수납을 하면서 뇌파 외래를 잡았다.

"검사 결과는 괜찮습니다. 10년 동안 재발하지 않으면 괜찮아요."

익숙한 목소리였다. 정원이가 두 돌 때 언어치료를 처방해주었던 K교수(의사)였다. 그의 발달 진료 과목은 발달지연과 소아뇌전증이었다. 다시 오지 않을 해프닝이라 여기며 일상으로 돌아갔다. ***뻗어 나오는 걱정의 가지를 애써 잘라냈다.***

그러나 두 번째 발작이 시작됐다. 2022년 7월 아침. 새벽부터 세차게 비가 내리던 장마철이었다. 14개월 만의 재발이었다. 다치지 않게 주변을 살핀 뒤 영상을 찍었다. 다시 보지 않을 풍경이 화면 안에 담겼다. 재발하게 되면 영상을 보여주는 게 가장 정확하다고 했던 말을 기억하고 있었다. 무리하게 응급실은 가지 않았다.

눈을 감으면 선명한 장면은 스마트폰 안에 저장해뒀다. 혹시라도 또 발작을 하게 된다면 언제 어디서 어떤 병원에 가더라도 설명할 수 있도록.

“모두 다 아침잠을 깨기 전, 비슷한 시각이었어요. 조금 서늘한 실내였고요. 대략 2분 이내였고, 직후에 깊은 잠에 빠졌습니다. 발화가 없어서 언어로 이상을 확인할 수 없어요. 간단한 행동 지시는 따라 할 수 있습니다.” 외래에서 영상을 보여줘야 파악이 빨랐기 때문이다. 손은 떨렸지만, 끝까지 찍으며 숨죽이며 아이를 지켜보았다. 끝나고 아이를 토닥였다. 괜찮아, 아가.

일상은 무심히 흘렀다. 발작은 큰 사건이었지만 매일 부딪히는 삶의 무게는 제각각이었다. 정원이는 자폐 진단을 받았고 약물을 복용했으나 고개가 뒤로 젖혀지는 신경계 부작용(근긴장이상증)이 있었다. 아이를 세 돌 때부터 지켜본 소아정신과의 주치의에게 물었다.

“선생님, 아이가 간격이 크긴 해도, 발작을 두 번 했어요. 이렇게 약을 먹지 않아도 괜찮을까요?”

“음, 최근 감정 기복이 커졌다고요? 여기(정신과)에서도 처방받는 오르필을 먹어보죠. 감정 조절 효과도 있고, 항경련제이기도 하니까요. 다른 약은 조심스러워서요.”

부작용의 이유는 알 수 없었다. 지금 상황과 연관 있을지도 모른다는 추측만 어렴풋이 할 뿐이었다. 발작을 겪으면서 많은 약의 복용이 어려워졌다. 아이가 지금 왜 그런지 이유는 몰랐다. 추가로 서울 병원에서 했던 뇌파 검사에서도 이상은 없었다. *걱정을 잘라낸 가지에는 아무것도 돋지 않았다.*

2023년 10월. 커튼 너머 비스듬한 햇살이 드는 일요일 아침이었다. 15개월 만이었다. 정원이가 초등학교 입학 후 첫 번째 전학과 이사를 마친 가을이었다. 그날따라 이상하게 내가 잠에서 일찍 깼다. 먼저 깨어 아이의 머리칼을 쓰다듬던 순간, 세 번째 발작이 시작됐다.

3개월 후, 2024년 1월. 네 번째 발작이 있었다. 가장 빠른 예약을 잡아 K교수를 오랜만에 만났다. 그간의 상황을 묻기에 서울에서 한 뇌파 검사 결과를 전했다. 이제 간격이 짧아졌으니, 정기적으로 보자고 했다. 정원이의 진료과목이 추가되었다.

잠든 사이 발작이 올까 봐, 한동안 뜬눈으로 아이 옆을 지켰다. 예고 없이 찾아오는 무너짐을 막을 수 없었다. 서로를 할퀴는 듯한 아픈 시간이 이어졌다. 손에 쥔 전지가위의 차가운 감촉처럼, 마음의 날을 세웠다. 다섯 번째 발작은 오지 않았지만 안심이 되질 않았다. 매번 새롭게 처음 겪는 것처럼 놀라고 싶지 않았다. 어깨를 짓누르던 '자폐'의 무게가 더 무거워졌다. 발작이 더해질 때마다 휘청였다.

가장 날카로웠던 순간들은 그 순간마다 박혀 있었다. 나무의 잘린 마디처럼. 한순간도 긴장을 늦출 수 없어서 딱딱하게 굳은 등은 좀처럼 풀리지 않았다. 누구도 이유를 알려주지 않았다. 캄캄한 어둠 속에서는 아무런 답을 찾을 수 없었다. 무엇이 또 튀어나올까, 불현듯 무서워졌다. 내가 무엇인가를 잘못해서 자꾸 이런 일이 생기는 것은 아닐까. ***걱정의 가지는 내 의도와 다른 방향으로 자꾸 뻗어나갔다.***

"어머님, 이번 검사에서는 경기파가 발견되었어요."

"네? 경기파요?"

"네, 뇌파 검사에서 보이는 비정상적인 전기신호입니다. 이게 있으면 다시 발작이 올 가능성이 있죠."

K교수는 화면의 그래프를 가리키며 말했다. 2025년 2월 뇌파 검사에서 경기파가 처음 확인됐다. 그래프는 나를 찌르는 것처럼 뾰족하고 날카로웠다. 무슨 말이 나올지 몰라 손을 꽉 잡았다. 설마.

"미리 관리하시길 잘하셨어요. 그래프 간격도 넓고 간헐적이에요. 지금처럼만 하세요. 다행입니다. 고생하셨어요."

눈물이 툭, 떨어졌다. 오랜만이었다. 많은 일들이 있었고, 쉽지 않았다. 아무리 좋아졌다 해도 선불리 기뻐하기가 어려웠었다. 그저 내가 잘하고 있었다는 것, 미리 걱정하면서 했던 것들이 틀리지 않았다는 것에 안도했다. 막연하게 언제 찾아올지 모르는 발작에 놀

라고 좌절하는 것보다 나았다. 지금에 맞게 다시 다듬으면 되니까. 모르는 것보다 덜 불안했다. 모를수록 날을 세웠다. *걱정의 가지를 덮고 있던 가시가 우수수 떨어졌다.* 마음에 희미한 빛이 들었다.

정원이를 키우는 시간은 희망을 끊임없이 다듬는 과정이었다. 보통의 삶에 대한 기대를 잘라냈고, 평범한 하루에 대한 청사진을 다시 그렸다. 잘라낸 자리에서 새로운 믿음이 솟았다.

여전히 다쳤고, 또 흔들렸다. 이제는 걱정을 무리하게 잘라내지 않았다. 시련이 와도 또 한 번 잘라내는 아픔을 견디면 되었다. 희망은 달라졌고, 작아졌고, 단단해졌다. 스스로 틀리지만 않았다면 아무리 상처 입었어도 앞으로 갈 수 있었다.

잘린 자리엔 하얀 캘러스(나무의 상처 조직)가 앉았다.
잘려진 가지의 끝에서 연둣빛 잎눈이 돋았다.

상처 입더라도 찔레꽃을 심는 정원사

아얏. 찔레꽃을 심다 가시에 찔렸다. 비 온 뒤 축축한 흙냄새가 계절의 변화를 알렸다. 작년에 심은 찔레의 꽃봉오리가 자그맣게 맺혔다. 초가을 따가운 햇살 아래 드러난 팔에는 거뭇한 흉터와 검붉은 딱지가 나이테처럼 얽혀 있다. 오래된 상처 위에 붉은 줄 하나가 또렷이 새겨졌다. 찔레 가지를 잘라낼 때면 꼭 상처가 났다. 장갑을 끼고 할 것이란 후회를 하지만 다시 맨손으로 정원을 돌봤다. 날것의 살에 닿는 흙과 풀의 향이 좋았다.

우리 집 정원이도 찔레꽃 같은 아이였다. 여리고 사랑스러워 보였지만 가시를 품고 있었다. 나에게는 고스란히 보이는 상처였고, 물리적인 현실이었다. 몇 해 전까지만 해도 등과 어깨, 팔다리에 물린 자국이 퍼렇게 멍으로 남았었다. 아이는 표현할 것이 자신의 몸밖에 없었다. 좋으면 웃고 싫으면 할퀴었다. 때로는 물기도 했다. 물고 꼬집는 이유가 있을 때는 다행이었다. 어떻게든 이유를 찾아 바꾸거나 살짝 몸을 비키면 되었다.

정원이와의 하루는 많은 부분을 몸으로 이야기할 수밖에 없었다. 당혹스러운 것은 이유를 모를 때였다. 저도 모르게 불쑥 치밀어 오를 때는 방비할 수 없었다. 눈을 떠서 잠들기까지 함께했으니 어쩔 수 없었다. 울음을 달래려고 안다가 물리기도 했다. 업어주다 등을 물렸고, 안아주다 어깨를 물렸다. 수없이 긁히고 나서야 이유 없이 물거나 꼬집으려 할 때도 슬쩍 피할 수 있게 되었다.

"어머, 팔이 왜 그래?"

한여름에도 긴소매 옷만 입었던 시절이 있었다. 팔다리가 긁히고 물린 자국으로 얼룩덜룩하니 누군가는 꼭 물어보곤 했다. '내 아이가 물거나 할퀸 자국'이라 말하는 게 불편했다. 그 뒤에 일부러 그런 것이 아니란 말을 덧붙이려면 이야기가 길어졌다. 모든 사람에게 아이의 인상을 좋지 않게 남길 필요가 없었다. 이것은 정원이의 잘못은 아니었다.

아이가 초등학교에 입학하면서 이유 없이 무는 버릇도 점점 줄었다. 싫으면 긁지 않고 살짝 밀어내다가, 지금은 고개를 젓는다. 좋으면 까르르 웃다가도 고개를 끄덕였다. 이제는 사랑하면 머리에 손을 대고 하트도 해주었다. 아이의 '표현수단'이 조금씩 늘면서 남을 아프게 하는 행동은 줄었다. 가끔 불쑥 올라오는 충동을 참을 수 없을 때는 있었다. 예측할 수 없는 날을 대비해서 미리 주변에 알렸다. 지금 정원이의 세계는 가족만 만나는 것은 아니기 때문이었다.

그러나 졸음이 오면 팔 안쪽 여린 살을 꼬집거나 긁는 것은 지금도 사라지지 않았다. 새벽에 잠이 깨어 잠들 때까지 긁기도 하고 잠을 재우려면 어쨌든 꼭 붙어 있어야 했다. 붉은 상처의 개수는 많이 줄었다. 하지만 자국은 사라지지 않았다.

"아토피 있으세요?"

그때는 9월, 아직 초가을이라 반소매 옷을 입고 다녔다. 소매 아래 팔에는 상처 자국이 겹겹이 드러나 있었다. 무심히 아이를 키운 흔적일 뿐이라며 솔직히 말했다. 지나가는 내 또래 사람들의 팔은 흉터 하나 없이 뽀얗다는 게 조금 부러웠을 뿐. 뭐, 아름답지 않아도 무슨 상관일까. 그리 중요하지 않았다. 문제는 다른 데 있었다.

"어머님, 정원이가 제 손등을 자꾸 긁어요!"

2025년 봄. 정원이 3학년 1학기. 하교 시간이었다. 도움반 K교사가 정원이가 하교하기 전 팔을 내밀어 상처를 보여주었다. 그녀의 손등 위에 긁힌 자국이 있었다. 반사적으로 소매를 내려 팔을 가렸다. 반소매 아래의 상처가 도드라지게 느껴졌다. 아무도 이유를 묻지 않았지만, 이 순간만은 숨기고 싶었다.

"다치진 않으셨어요? 죄송합니다."

아이를 모르는 사람이 팔에 대해 물어볼 때는 아무렇지도 않았다. K교사는 정원이와 3년째 생활하고 있었고 알고 있었다. '한 팔 거리', 그리고 '5초 기다리기'만 하면 아이에게 긁힐 확률은 조금 줄어들었다. 나는 매일 아침 정원이의 손톱을 깎았다.

"아프셨겠어요, 선생님. 죄송합니다. 조금 기다려주면 덜 긁더라구요."

"아니에요. 그냥 도움반 안에서도 긁어요. 손잡고 이동해도 긁고요."

"간밤에 잠을 못 자서, 조절이 어려운가 봐요. 죄송해요. 제가 어떻게 해야 할까요?"

살갗에 손톱이 박혀 깨어났던 밤을 떠올렸다. 마음에 눈물이 차올랐다. 어떻게 해야 할지 아무것도 떠오르지 않았다. 이유가 있었을 텐데. 조심스럽게 그 이유를 함께 찾아주시겠느냐고 부탁드렸다. 머릿속에는 새벽 아이가 팔을 긁어 깼던 기억만 났다. 잠이 덜 깬 눈으로 아이를 살폈었다. 정원이의 표정, 몸짓, 그리고 고갯짓.

'잠에서 혼자 깨었을 거야. 엄마가 단잠을 자니 무서웠겠지.'

"정원아, 같이 자자. 엄마는 안 아파."

꼬집지 않도록 손을 조물조물해줬다. 나야 익숙하니 괜찮다지만, 이렇게 다른 사람을 다치게 할 때면, 숨이 가빠졌다. 어찌할 바를 몰랐다. 이해받지 못했다는 좌절과 타인을 다치게 했다는 무력감 사이에서 주저앉았다.

'누구도 아프지 않았으면 좋겠다. 아이도, 나도, 선생님도.'

팔의 상처보다 깊은 것은 보이지 않는 자책이었다.

나의 상처는 부끄러운 게 아니었다.

정원이의 손은 자유가 없을 때가 많았다. 이동할 때는 잡을 수밖에 없었다. 대부분 잘 잡고 이동했지만 가기 싫거나 억제로 몸을 끌 때는 종종 할퀴었다. 아이와 다니다 보면, 적당한 거리를 지킬 수 없을 때도 많았다. '선생님도 어쩔 수 없었겠지.'

다치지 않게 예방하고 가르치는 일은 아무리 힘들어도 그만둘 수 없었다. 그래서 아이가 갑자기 뛰어나가면, 있는 힘껏 끌어안았다. 설령 그 때문에 긁히더라도 정원이가 안전한 것이 먼저였다. 이 거뭇한 옛 상처들은 아이를 돌본 증거였다. 그러나 아이가 다른 사람을 다치게 했을 때 나도 마음에 같은 상처가 생겼다.

'정원아, 우리 다른 방법을 찾아보자.'

가시는 아이가 저항하는 손에도, 가족의 마음에도 그리고 세상 사람들의 서늘한 시선에도 있었다. 자책은 자신의 몫이었지만, 사람들의 서늘함에는 점점 적응하기 힘들어졌다. 아이는 클수록 달라 보였다. 정원이가 좋아해서 종종 버스를 타는 연습을 했다. 그날은 무척 더웠다. 버스정류장의 좁은 그늘에는 빼곡하게 사람들이 있었다. 자리가 없어 아이를 안고 있으려니, 이내 사람들의 말이 달라붙었다.

"이렇게 큰 애가 울어서 안기니, 쯧."

"형아가 엄마 힘들게 하네. 걸어서 가야지!"

주변 소리가 들리니 아이가 나에게 더 칭얼댔다. 버스에 탄 나는 옆자리에 앉은 아이의 손을 꽉 붙들었다. 큰 소리로 정원이에게 설명했다. 조금 큰 목소리에는 이 상황의 특별함을 주변에 미리 알려주려는 마음도 있었다.

"정원아, 조금만 참자. 다음 다음에 우리 내려."

'휴, 굳이 버스를 타야 하나, 택시 타면 되지.'란 웅성거림이 귓가에 달라붙어 떨어지지 않았다. 하지만 두 정거장을 가야 주차해둔 곳으로 갈 수 있었다. 지금 날씨는 더워서 아이는 꼼짝하지 않았다.

입술을 깨물고 하차벨을 눌렀다.

"아이 발달이 느려요. 지금 낯선 곳이 조금 힘들어서 그래요."

한 발 늦은 대답은 혼잣말처럼 공기 중으로 흩어졌다. 이렇게라도 경험해야 정원이의 세상은 조금씩 넓어졌다. 시선에서 달라붙어 따라온 애써 가시를 떨쳐냈다.

사실 택시는 더 어려웠다. 일반 택시를 타도 장애인 콜택시를 타도 상황은 같았다. 기사와 정원이 그리고 나 이렇게 타면 불편한 상황은 꼭 발생했다. 간혹 정원이가 끝없이 웃음보가 터질 때가 있다. 멈출 수 없는 웃음이라서 '웃음각성'이라고도 부르는데, 그런 상황에서는 아이를 잡으면 잡을수록 웃음이 길어져서 가만히 놓아두어야 했다. 택시에서는 그것이 불가능했다. 결국 내릴 때까지 잡느라 곤욕을 치른 적도 있다. 웃느라 몸을 가누지 못하는 아이를 잡느라 근육통이 올 정도였다. 아이의 웃음을 견디는 와중에 택시 기사의 투덜거림까지 감내해야 했다. 반면에 장애인 콜택시는 매칭되어 배차되고 올 때까지 최소 30분에서 1시간 이상까지도 기다려야 했다. 장애명과 이름이 공개되었다. 택시 기사에게서 아이가 하나냐, 둘째를 낳으란 이야기를 들었다. 돌봐줄 형제가 있어야 하지 않겠느냐며. 결국 운전을 시작했다. 고요하고 편했지만, 집 밖으로 나가지 않는 것과 똑같았다. 정원이와 나, 둘뿐이었으니까.

정원이가 커갈수록 사람들은 낯설고 두렵게 느꼈다. 지금도 공공장소에서는 손을 꼭 붙잡고 외출하지만, 모두가 친절하고 상냥하진 않았다. 그래도 나는 아이에게 '세상이라는 꽃'을 보여주고 싶었다. 정원이는 소통이 어렵고 때때로 갑작스러운 행동을 했다.

예측할 수 없어 아이의 손을 놓칠 때도 있었다. 그 누구도 상처 입지 않길 바라지만, 세상은 혼자 살 수 없으니 불가능했다.

시선에 당혹스러워 아팠던 것은 내 마음의 가시였다. 마음은 다잡으면 괜찮았다. 팔에 상처가 나는 일은 가장 가까이서 지내는 사람이니 당연히 겪을 수밖에 없었다. 팔의 상처는 언젠가 옅어졌다. 다른 사람의 팔을 다치게 할 때의 아픔은 어떻게든 예방할 도리밖에 없었다. 그러나 정원이가 겪는 세상의 가시는 생존의 가시란 생각이 들었다. 아무리 애써도 막을 수도 없는 가시였다.

눈앞의 작은 찔레꽃인 정원이에게 물을 주고 사랑을 주며 키우고 있다. 가시에 찔리더라도 '내 아이'를 놓을 순 없었다. 정원이를 낳기 전, 나도 '장애를 잘 모르는 사람'이었다. 지금의 나는 세상을 향해 정원이의 이야기를 부지런히 말하는 사람이 되었다. 세상 밖으로 도망가서 우리를 감추고 숨으면 가시에 찔릴 일은 없어 아프지 않겠지만, 파란 하늘 아래 아름다운 찔레꽃도 볼 수 없을 것이다.

나는 오늘도 상처투성이 팔로 아이를 꼭 안는다.

정원사는 가시에 찔리더라도, 오늘도 찔레꽃을 심는다.

엄마의 책장, 정원사의 노트

쿵쿵 뛰어요.

천장의 빛을 보면서 막 웃어요.

종이를 씹어요. 할퀴고, 꼬집어요.

머리카락을 잡아당겨요.

물어요.

정원아, 엄마 아파!

"정원이가 왜 그럴까?"

정원이가 어렸을 때부터 초등학교 3학년이 된 지금까지 매일 수 없이 반복했던 말이다. 아이의 행동에는 항상 이유가 있었다. 그러나 이유를 알아내기까지는 당황스러울 정도로 시간이 많이 걸렸다.

처음에는 육아서를 뒤적였다. 하지만 지금 내 눈앞의 행동을 설명하는 문장은 많지 않았다. 어떻게 말을 걸고, 무엇을 먼저 이해해야 하지? 정원이의 경우, 일반 발달과 비슷하지만 '시기가 스쳐 지나가지 않고 오래 머무는' 항목들이 있었다. 이를테면 '무는 행동'은 정원이가 유치원 무렵 간헐적으로 나타났다가 사라지곤 했다. 방긋 웃는 아이가 순해 보였지만 방심은 금물이었다. 아는 만큼 보였고, 겪은 만큼 반응할 수 있었다. 이 경험치는 매일 업데이트됐다.

"정원이가 제 머리를 잡아당기고 꼬집었어요."

문장만 떼어놓고 보면 아주 공격적인 아이에 대한 설명이다. 그러나 정원이는 놀아달라는 신호가 머리카락 잡아당기기로 나타났고, 싫다는 말이 꼬집기로 번역되었을 뿐이었다. 먼저 관찰해야 아이의 '마음'을 읽을 수 있었다. 그리고 적절한 행동을 가르쳐주는 것은 어른의 과제가 되었다.

엄마의 책장 : 이해의 지도

책장은 아이를 이해하기 위한 일종의 지도였다. 처음에는 '놀이'와 '말 걸기', '조기 개입' 관련 책을 사 모았다. 자주 펼칠 책은 소장했고, 특수교육 관련 도서는 절판이 잦아서 중고로도 구했다. 처음부터 끝까지 읽지 않았다. 그때그때 정원이의 발달에 맞춰 발췌해서 읽었다. 책의 마지막 장까지 필요하지 않을지도 모른다는 사실이 조금 서글펐지만. 여전히 책장 한 칸에는 12~36개월 육아책이 남아 있었다. 행동이 그 시기에 머무는 때가 많았기 때문이다.

ABA(응용행동분석), 자폐 스펙트럼, 언어치료, 통합교육·특수교육, 일상 지원·감각·시지각, 활동 스케줄·시각 지원(TEACCH)… 책 등의 제목들은 곧 생활의 메뉴였다. 동영상·블로그보다 책을 선호했다. 필요할 때 곧바로 펼쳐볼 수 있기 때문이었다. 여백에 우리 집의 맥락을 적어 넣었다. 병원 진료와 공인된 재활, 그리고 책의 도움으로 하루하루를 지탱해왔다. 그러나 대체 행동을 알려주고 가르치는 일은 하루아침에 되지 않는다는 사실도 배웠다. 반복해야 했다. 차근차근 일상을 채워나갔다. 책 속의 정보를 통해 정원이가 가진 장애의 윤곽을 조금이나마 이해했다.

정원사의 노트 : 관찰의 기술

"어머님, 왜 이런 걸 기록하세요? 이럴 시간에 아이랑 놀아주는 게 더 중요하지 않나요?"

M치료사는 내가 내민 기록 노트를 조용히 돌려주며 물었다. 책에서 얻은 실마리를 바탕으로 아이의 행동을 관찰하고 기록했다. 이를 요약해서 치료사에게 주었지만 늘 환대받진 않았다. 정원이의 고유한 특성을 이해해주는 일은 가족과 주변 모두에게 무엇보다 중요했다. 함께 살아가고, 소통하고, 아이의 세계를 이해하는 법을 배우는 것이 내가 '정원이 엄마'로 살아가는 법이었다.

세상에는 많은 육아서가 있다. 장애가 있어도, 아니 그래서 가이드는 오히려 더 필요했다. 망망대해에서 책 속 활자는 '등대의 불빛'이었다. 아이를 재우면 핸드폰 빛에 의지해 성공담과 기적담을 찾아 헤맸다. 암울한 예후라도 보면 하루 종일 아팠다. 그 사이에서 길을 잃을 때도 많았다. 그런 나에게 책은 수수께끼를 푸는 실마리를 주었다. 동시에 책 속 답이 곧 정답은 아니라는 사실도 알았다. 자폐는 '스펙트럼' – 아이마다 각자의 빛과 결을 갖고 있기 때문이었다. 나는 각각의 아이가 모두 다름을 이해하게 됐다.

정원이도 '고유한 이야기'가 있었다.

"대부분 엄마는 100일이 지나면 아이와 삶을 분리하기 시작해요. 그런데 장애가 있으면 죄책감과 현실 때문에 분리가 어려워지고, 어느 순간 소진이 옵니다."

주치의의 말처럼 스스로를 하얗게 태우던 시간이 있었다. 정서적 탯줄이 아직 이어져 있는 듯한 나날이었다. 아이에 대한 나무람은 지금도 나에 대한 나무람으로 느껴질 때가 있다. 세상은 종종 나를 '정원이 엄마'로만 보았다. 그래서 무엇인가 부족하고, 가르쳐야 하며, 배울 점이 없다는 전제를 깔고 대하는 경우도 맞닥뜨렸다. 일종의 내려다봄. 주류의 해석이 사실 여부와 무관하게 '진실처럼' 작동하는 순간들이었다. 일상에서 수없이 긁히고 부딪히는 상처를 회복할 무엇인가가 필요했다. 그럴 때마다, 책을 펼쳤고, 나를 구원해주는 글귀를 발견하곤 했다.

나를 살린 한 페이지

3월 중순의 정원에 봄눈이 내렸다. 아침나절 펑펑 내렸다가 금세 녹아버렸다. 바깥의 식물들도 이 정도면 버틸 것이다. 겨울이 가기 싫은 듯 꾸물거리고, 여름은 맹렬히 다가오는 이상한 계절이 되어

버린 날씨. 나와 정원이의 삶과 닮았다. 불가해한 삶을 이해하기 위해 책장을 뒤적였다. 책장은 우리의 이야기를 세상과 하나하나 이어주는 다리였다. 정원이와 사는 세계가 외딴섬처럼 느껴질 때 책과 함께 보내다 보면 괜찮아졌다.

그중 나를 살렸던 한 페이지가 있다. 밤마다 펼쳐 보던 책, 헤르만 헤세, 나무들.

> ***나무는 말하기를, 내 안에는 씨 하나와 불티 하나와 생각 하나가 감춰져 있어요.***
>
> ***산다는 것은 쉽지도 않고 어렵지도 않아. 고향은 바로 네 안에 있지. 다른 어디에도 없어.***

이 문장을 읽으면서 내 안에 무엇인가가 여전히 살아 있다는 것을 느꼈다. 불씨를 찾고 싶었다. 마음속 정원에서 씨앗이 움트기 시작했다. 그래서 책장 한 칸을 '정원의 칸'으로 만들었다. 거기엔 정원만 있는 게 아니었다. 고양이와 명상, 숲이 함께 있다. 좋아하는 것을 모아둔 자리였다. 누군가 선물해준 책도 있다. 이곳은 나만의 공간이었다. 따뜻한 장소가 조금이라도 있다면 충분했다. 인생은 주고받는 순간들의 연결이니까.

그런 나에게 '연결'은 정원이었다. 글 속에서 햇살을 누리고, 풀향을 맡았다. 책을 덮고 문을 열고 나가면 만나는 날것의 자연이 좋았다. 도망치는 대신, 기꺼이 상처를 열고 마주하기로 했다. 정원에서 마음을 다독이고 하루를 준비했다. 흙을 만지면, 잠든 아이 머리칼을 쓰다듬는 듯 부드러웠다. 그 부드러움으로, 피고 질 꽃들의 시간을 상상했다. 하나하나 기록으로 옮겼고, 그 안에서 의미를 발견했다. 다시 삶은 천천히 나아갔고 내일의 여정이 기대되었다. 또 다른 정원 이야기를 전하기 위해, 잠시 멈춰 홀로 머무르는 시간.

그 여정은 오롯이 나의 것이었다.

나는 느린 시계를 갖고 태어났어요

엄마가 상상해본 정원이의 편지

안녕하세요. 오늘은 내 이야기를 직접 해볼게요.

나는 작년에 초등학생이 됐어요. 얼마 전 내 생일이 지났거든요. 이제 진짜 꽉 찬 여덟 살이랍니다. 전 2학년 형아랍니다. 히히. 난 하늘이 아주 파란 가을에 태어났어요. 아빠가 그날 구름 한 점 없었다고, 예쁜 가을에 태어난 아이라고 했어요!

나는 말하는 법을 두 살 때부터 배우고 있어요. 하지만 아직 너무 어려워요. 사실, 이 편지는 우리 엄마가 내 마음을 상상해서 써본 거래요. 엄마는 내 마음을 아주 잘 알아요. 나를 많이 지켜봐서 저절로 안대요. 저도 그래요. 신기해요.

엄마는 내가 아주 천천히 흐르는 시계를 갖고 태어났대요. 그래서 친구들과 키는 비슷하고 걷는 것도 비슷하지만 조금 다르대요. 젓가락 쥐는 법에서 '아' 하고 소리내는 것까지 여러 가지 수업을 두 살 때부터 받으러 다녔어요. 친구들은 학교를 마치면 학원을 가고, 난 센터를 가요. 센터 다니는 건 힘들지만 기뻐요. 조금씩 할 줄

아는 게 생기거든요. 가끔은 또 잊어버리기도 하지만요. 헤헤.

요즘 잘하는 게 생겼어요. 자랑하고 싶어요. 배고플 때 '파압!' 하고 소리낼 수 있는 거랑, 싫을 때 울지 않고 손짓으로 '아니'라고 하는 거요. 엄마가 물으면 어디 가자고 고개를 끄덕여 대답해요. 엄마랑 아빠랑 나들이하는 건 정말 좋아서, 내 대답은 언제나 '응!'이에요. 엄마 손을 잡고 백화점을 가는 날은 신나요. 난 너무 좋아서 소리 지르면서 콩콩 뛰고 싶어요. 반짝거리는 모든 걸 내 눈에 담고 싶어요. 엄마가 이야기해줘요.

"소곤소곤 이야기하자, 살금살금 걷자!"

'안 돼'라고 말하지 않고 '하자'고 알려주는 엄마가 좋아요. 하지만 때때로 내 멋대로 소리가 커질 때가 있어요. 그럴 때 난 입을 내 손으로 막고 조용히 웃어요. '엄마, 나 잘했지? 나 칭찬해줘!' 엄마랑 함께하는 시간은 정말 특별하고 편안해요.

학교는 재밌어요. 매일 가는 건 힘들어요. 나에겐 어려운 일들이 많아요. 그래도 친구들을 바라보는 건 좋아요. 나도 소리 내서 이야기하고 싶어요. 내 입에서 '으아—' 같은 소리가 먼저 나와요. 친구들이 깜짝 놀라요. 친구들을 부르고 싶지만 어려워요. 그래서 톡톡 만질 때도 있어요. 난 서툴러요. 난 노력하고 있어요. 매일매일.

제 고민은 잠이에요. 새벽 두 시에 깨서 꼬박 밤을 새울 때가 있어요. 신난 것처럼 보이지만 사실 힘들어요. 졸린데 잠이 안 와요. 엄마도 고민이 있대요. 내가 자꾸 쉬 실수를 하는 거래요. 작년에 처음으로 연습할 때는 그냥 꾹 참기만 하면 금방 잘됐는데, 지금은 나도 모르게 실수해요. 속상해요. 그냥 앉아 있을 때도 실수하고 그래서 미안해요. 왜 그런지 정말 잘 모르겠어요. 세탁기랑 건조기한테도 많이 일을 시키는 것 같아요.

그럴 때 하는 말이 있는데 아시나요?

"시간이 해결해줄 거야"라고 말하면 돼요!

아, 맞다. 내 시계는 천천히 가는데 어떡하지?

"어쩌겠니, 그냥 해보자."

엄마가 자주 하는 말이에요. 엄마가 모든 것을 하나하나 연습해야 한대요. 일상이 나에겐 큰 언덕이래요. 그래도 이제 나는 스스로 빨대를 꽂아 주스를 마시고, 냉장고 문을 닫고, 신발을 오른쪽이랑 왼쪽을 구분해서 신을 줄 알아요! 나, 참 대단하죠?

나는 열심히 해요. 하루는 넘기기 힘든 큰 언덕이에요. 아침저녁으로 약을 먹어요. 매일 먹어요. 맛없지만 꿀꺽 삼켜요. 나는 느린 시계를 들고 다녀요. 무거워요. 언덕이 가파르니 힘들어요. 나에겐 넘을 수 없는 언덕도 있대요. 그래서 난, 가끔은 너무 어려운 '말'들에서 잠깐 벗어나고 싶어요. 너무 힘들 때는 그냥 이것저것 만지고 놀면서 나만의 세계에 있고 싶어요.

아, 고백할게요. 다른 사람을 아프게 할 때가 있어요. 미안해요. 나도 모르게 그랬다고 언어 선생님한테 말했어요. 선생님이 이제 형아가 됐으니 조절하는 법을 배워야 한대요. 연습할게요. 기다려주세요.

난 엄마가 좋고, 아빠가 좋고, 선생님이 좋고, 친구들이 좋아요. 버스를 타면 두근거려요. 엄마 차 타고 듣는 라디오는 하루 중 제일

좋아요. 집에 오면 엄마랑 정원에서 놀아요. 아빠가 태워주는 킥보드도 좋아요. 친구들이 불러주는 내 이름이 좋아요.

나도 말할 수 있다면, "좋아해, 좋아해, 좋아해"라고 말해주고 싶어요. 내 마음은 늘 좋아한다고 말하고 있는데, 그게 표현하기 참 어려워요. 그래서 사람들은 나를 돌보는 게 힘들 때는 가끔 날 제대로 마주 보지 않을 때도 있어요. 괜찮아요. 난 내 곁의 모든 따뜻함이 좋아요.

엄마는 이 모든 이야기가 본인의 상상이라며 내가 '정말' 괜찮을지 걱정할 때가 있어요.

난 그런 엄마를 꼭 안아주고 이야기해주고 싶어요. '사랑해, 엄마.'

추신 1.

[엄마] [사랑해] [미안해]

[쉬는시간] [신나요]

[아빠] [좋아요] [고마워]

추신 2.

정원이의 마음을 다 알지 못하지만, '상상'에 빗대어 써봅니다. 어쩌면 이 모든 것은 저의 소원일 뿐이지요. 글 속에서 아이의 목소리가 들리는 것 같아 기쁩니다. 아이는 우리가 생각했던 것보다 많이 듣고 알고 있다고 생각합니다. 다만 그것을 표현하기 어려운 것일 뿐이죠. 그래서 늘 설명하고, 기다립니다. 혼잣말 같은 이 이야기는 아이에게 보내는 엄마의 '편지'랍니다.

4장

옛 3층 빌라의 옥상정원을 기억하다

섣달그믐,
유년의 집을
바라보다

"정원아! 눈 온다."

2024년 섣달그믐의 아침. 눈이 내렸다. 온 세상이, 지난 한 해를 덮으려는 듯 하얗게 내렸다. 신이 난 목소리로 아들, '꼬마 가드너'를 불렀다. 밤새 내린 눈과 함께 오늘이 시작되었다. 눈은 곧 모든 것을 덮겠지. 사라진 발자국과 남은 발자국 위로, 기억은 마음속 새벽에 내려 잠시 머물렀다.

지난여름의 땀방울이 얼어붙은 자리가 맑게 부서지며 반짝였다. 투명하게 스며드는 입김이 맺힌 유리창 너머는 온통 눈뿐이었다. 아이의 여름 신발도, 고사리손으로 쥐던 호미도 보이지 않았다. 가지를 자르던 가위도, 낡은 장갑도. 벚나무 가지에는 흰 꽃이 소복하게 피었고, 구상나무의 진초록 잎은 고운 설빔으로 갈아입었다. 지상에 내린 구름. 지나간 꿈, 열정 그리고 기쁨이 함박눈으로 떨어졌다. 한 해의 마지막과 시작의 마디를 새기듯, 내리고 또 내렸다. 온통 하얀 창밖을 보며 나는 웅크리고 기대어 있었다. 달빛에 비치던 아이의 속눈썹 아래, 동그란 눈이 창밖의 겨울 해를 담았다.

유년의 시간은 덧없이 모호하고 아득했다. 지나간 시간을 모조리 눈에 담지 못한 아쉬움만 남았다. 작고 예쁜 정원이에 대한 지난 기억도 쌓였다. 바쁘게 하루를 사느라 놓쳐버린 소중한 순간이 겨울 한낮의 태양에 스며들었다. 기억은 땅속의 작은 구근이 되어, 봄을 기다리며 깊은 잠을 자고 있었다.

뜨거웠던 여름에 옮겨 심은 야생화는 녹아내렸고, 늦가을에 심어 미처 피지 못한 가을의 꽃들은 서리를 맞았다. 미처 돌보지 못한 순간도 괜찮다며 기다렸다.

미안해. 다시 함께할 수 있다면, 용서해줘.

고단함도 아픔도 모두 투명하게 맺혔다. 가지 끝의 꽃눈도 숨죽였다.

지난밤, 겨울의 달빛이 방안으로 쑥 들어올 즈음 아이는 잠들었다. 꼬마 가드너와 담요를 덮고 나지막이 책을 읽어줬다. 엄마 등에 꼭 붙어 잠든 아이 옆에서.

아가, 눈이 녹으면 봄이 올 거야. 차가운 겨울의 물을 땅에 품어야지.

마음속 작은 불씨가 밝혀준 기억의 가장 깊은 곳에는 '유년의 집'이 있었다. 얼마 전에 다녀왔던 옛 3층 빌라의 집. 모든 것은 때가 있었다.

"콩나물국밥 먹으러 갈래?"

정원이 아빠가 문득 제안했다. 영하의 날씨였다. 뜨끈한 국물 생각에 모처럼 외출을 나섰다. 콩나물국밥 세 그릇을 주문했다. 정원이와 외식할 때는 우리 부부는 교대로 식사하고 아이를 돌보았다. 정원이 아빠가 아이를 돌보는 사이 먼저 국밥을 먹고 나와 교대했다. 소화도 시킬 겸아이와 함께 식당 문을 나섰다. 하늘은 아주 파랗고, 겨울 해는 희고 창백했다. 후, 하얀 입김이 부서졌다. 무엇인가 태운 냄새를 담은 차가운 바람이 코끝에 닿았다. 어린 시절 '겨울 냄새'라 이름 붙인 공기가 익숙했다. 내 초등학교 2학년 말부터 십 년간 살았던 곳이 멀지 않았다.

'아, 벌써 정원이가 곧 3학년이 되는구나. 내가 그 집에 이사했던 나이네. 한번 가볼까.'

나는 놀이터 가자며 아이와 길을 나섰다. 골목은 세월이 무색하게도 기억 그대로였다. 빌라촌의 낮은 건물들 덕에 여백을 훤히 드러낸 하늘이 우리를 따라왔다.

유년의 집에 도착했다. 살던 자의 기억은 모호해졌지만, 짙은 밤색 벽돌의 옛 집은 그대로였다. 너무 오래돼서 진즉 없어진 줄 알았는데. 놀이터와 이어진 벽의 통로는 불이 나서 뚫린 통로까지 그대로였다. 봄이면 담장 옆에 진분홍빛 진달래(*Rhododendron mucronulatum*)가 피었다.

기억 속의 모래 놀이터는 경로당 공원으로 바뀌었고, 아무도 쓰지 않는 낡은 미끄럼틀만 남았다. 어디선가 퀴퀴한 냄새가 났다. 공원 옆 수돗가에서 분홍색 목도리를 두른 할머니가 은행 열매를 씻고 있었다. 그 옆의 공원 벤치 위에 누군가 만들고 간 눈오리 다섯 마리가 있었다. 이곳에 이사 왔던 우리 다섯 식구 같네. 햇살은 투명하고 눈이 부셨다. 낯설게 느껴지는 오래된 기억을 툭, 털어냈다.

이곳에서 사춘기를 보냈다. 3층이라 반 계단만 올라가면 옥상이었다. 주말이 오면 아버지와 함께 삼남매는 옥상에서 종종 놀았다. 그러나 다섯 식구의 시절은 이사온 지 두 해 만에 끝났다. 아버지는 내가 초등학교 5학년일 때 돌아가셨다. 3월의 이른 봄이었다. 옥상정원의 문은 그 뒤로 열리지 않았다. 15평 빌라에서 네 식구는 삼 남매가 어른이 될 때까지 지냈다. 안방에서 들려오는 숨죽인 울음소리는 기억의 밑바닥에 고스란히 있었다. 밤이 오면 책으로 채워진 공부방에서 나 혼자 이불을 깔고 잤다. 달빛이 바닥 아래로 깊숙이 내려올 때면 좀처럼 잠들지 못했다. 어두컴컴한 책상 밑이 무서워 불을 켜고 집 안에 남아 있는 책들의 활자를 모조리 읽으며 긴 밤을 견뎠다. 침묵은 친구였고 상상은 소일거리였다. 책 속의 세상은 낙원이자 도피처였다.

"네 속을 도통 모르겠다. 아무런 말을 안 해서."

엄마는 손 갈 데 없던 두 딸 덕에 그 시절이 덜 힘들었다 하셨다. 딸 둘은 결혼하고, 아들은 독립하고 엄마는 새집을 마련해서 이사를 가셨다. 유년의 집에는 더이상 아무도 없었다. 엄마는 정원이 뒷바라지로 거칠어진 딸의 손이 안쓰러우셨다. 일흔 살 엄마는 주름진 손으로 정원이를 가끔 돌봐주시러 오셨다. 딸이 쪽잠이라도 자는 걸 바라시는 마음이셨다. 집까지 가는 버스정류장까지 엄마를 모셔다드렸다. 집으로 돌아오는 길, 라디오에서 피아노 연주가 흘러나왔다. 빨간불에 차를 멈추고 흘긋 아이를 보았다. 밤빛에 스치는 창에 기댄 정원이의 표정은 평온했다. 습관처럼 말을 걸었다.

"너는 무슨 생각 하는 거니, 엄마는 궁금해."

아침부터 펑펑 내리던 눈이 그쳤다. 내 옆에서 정원이가 나가자고 손짓했다. 이제 딸이 아닌 엄마가 될 시간이었다. 눈이 쌓인 바깥으로 아이와 함께 밖을 나섰다. 온 세상은 하얗고 눈부셨다. 맨손으로 눈을 만지는 아이의 손가락은 분홍빛 심장을 보는 듯했다. 뽀드득 밟히는 눈 소리에 좋다며 정원이는 그저 웃었다. 요즘 '뽀뽀'라 하면 볼을 내밀어주었다. 드디어 "사랑해"라고 말하면 큰 하트를 손으로 만들어 머리에 대는 모습이 아주 예뻤다. '뽀뽀'라고 하면 내미는 볼은 보드라웠다. 회색빛 구름 너머 하얀 태양의 빛이 우리를 비췄다. 또 마음에 마디 하나를 새겼다. 이제 봄이 오면 정원이는 3학년이 될 것이다. 눈이 스며든 정원에 돌아온 아이는 눈물을 흘리고 때로는 아프고 조금 마른 성숙한 입매를 오물거리며 자랄 것이다. 나는 정원에서 그리움마저 낙엽처럼 태워 보내고 새로운 봄을 기다린다. 눈오리 다섯 마리는 조용히 녹고, 우리는 각자의 마디로 흘러간다. 따뜻함은 보이지 않아도 마음속에 스며 있으니.

토요일의 조기,
오늘을
가르치는 법

정원이가 태어나 초등학교에 입학할 때까지, 아침 해가 드는 고층 아파트에서 살았다. 남향의 베란다 정원에는 식물이 제법 가득했고, 북향의 부엌은 빛이 넉넉했다. 거실에서는 앞동과 하늘만 보였지만, 작은 주방 창문 너머 시원하게 논과 산이 보였다. 멀리 기차까지 보이는 탁 트이는 풍경이라 설거지할 때도 눈앞이 시원했다. 주방 창틀에는 싱고니움(*Syngonium podophyllum*) 화분 두 개를 올려두었다. 조금 열어둔 창문으로 시원한 공기가 스몄기에 건강하게 자랐다. 햇살에 비춘 잎이 반투명하게 빛났다. 하나는 핑크 싱고니움이라 분홍빛이 멜론빛과 섞여 있었고, 다른 하나는 무늬 싱고니움이라 짙은 초록색 잎 위에 흰 무늬가 있었다. 설거지를 마치고 컵에 물을 담아 화분에 물을 따라주면, 부엌일이 끝났다.

매주 토요일 아침의 고정 메뉴는 조기구이와 된장국이었다. 정원이에게는 한동안 구운 한우 안심, 찐 조기와 흰밥만 먹었던 시절이 있었다. 지금은 김치찌개부터 시금치나물까지 집밥을 좋아하는 아이로 자라고 있다. 얼큰한 국물 요리를 좋아하는 정원이가 처음부터 잘 먹은 것은 아니다. 하나씩, 맛보고 조금씩 늘려가면서 골고루 먹게 됐다.

그중 조기구이는 조금 특별했다. 처음 정원이가 생선에 도전했을 때 쉽지 않았다. 주변에서 흰살생선을 찌면 아이들이 먹기 좋다고 해서 찜기에 조기 한 마리를 쪄서 주었다. 토요일 아침마다 아빠가 가시를 발라주면 나는 아이의 입에 쏙 넣었다. 늘 백화점에서 4호 굴비를 사 왔는데, 먹기 좋게 손질해 네 마리씩 소분하면 보관이 편리했기 때문.

정원이가 찐 조기를 지겨워할 즈음 정원이 아빠는 조기를 굽기 시작했다. 3년째 매주 토요일 밥상에는 조기구이가 올랐다. 아이에게 사랑한다는 말도, 미안하다는 말도 잘 못 하는 내성적인 사람이었지만, 이 조기는 늘 그날그날 구워서 따뜻했다.

그는 냉동실에서 조기를 꺼내 해동하고, 소금으로 간을 하고, 노릇하게 구워서 가시를 발라내기까지 하나하나 정성을 들였다. 타이머를 켜고, 불을 맞추고, 뼈를 골랐다. 연구하듯, 정밀하게. 지글지글 익는 소리와 고소한 냄새가 거실을 가득 채웠다. 정원이는 아빠를 – 아니, 조기를 – 열심히 바라보고 있었다. 그 광경을 지켜보노라면 사뭇 엄숙해졌다. 작은 의식처럼.

"냠냠."

어느 날 책에서 물고기 뼈 그림을 보더니 아이가 오물거리듯 소리를 냈다. 냠냠. 정말 맛있을 때만 저절로 나오는 소리였다. 정원이도 이 조기에 담은 아빠의 마음을 맛보았나 보다. 조기를 세심하게 발라주는 정원이 아빠의 젓가락을 보니, 돌아가신 친정아버지가 옛 3층 빌라의 옥상정원에서 초계무침을 무쳐주시던 손이 생각났다. 같은 마음을 가진 두 손의 모습이 닮았다.

삶은 닭을 초고추장으로 무친 새콤하면서도 매운, 투박한 맛. 삼남매는 옥상에 옹기종기 앉아서 아빠의 특식을 기다렸다. 낮은 시멘트 담장 밑에는 고추장 장독대가 있었고, 쪽파와 상추를 심은 화분이 있었다. 이제는 다시 맛보지 못하는 그 맛은 아직도 선명했다.

아버지가 돌아가신 지 30년의 시간이 흘렀다. 기억 속의 아버지도 정원이 아빠처럼 말수가 적었다. 저녁마다 반주로 소주 한잔 곁들이던 모습마저 닮았다. 한잔 기울이며 "정원이, 나중에 어디 가서 굶지 않게…" 하고 걱정하는 모습에 내심 부럽기도 했다. 성묘를 못 간 지 오래인데. 올해는 꼭 가자, 마음속으로 다시 다짐했다.

이별의 순간은 아직도 생생했다. 3월 2일, 국민학교 5학년으로 올라간 첫날이었다. 자리 배치를 받고 옆자리 짝꿍의 얼굴에 비치던 햇살을 보고 있었다. 교실 문이 열렸고 담임 선생님이 날 불렀다. 복도에서 큰외삼촌의 잠긴 목소리가 이어졌다.

"영아, 아버지가 돌아가셨어."

아버지는 말 한마디 남기지 못하고 돌아가셨다. 돌연사였다. 우리는 이별을 준비하지 못했다. 시골집에서 장례를 치렀다. 분홍 진달래꽃 너머로 아득히 멀어져가는 상여의 뒷모습은 희미하게 남아 있다. 그게 마지막이었다. 선명한 것은 아버지를 염하기 전 할머니 손에 이끌려 쓰다듬은 아버지의 볼. 선득한 차가움이란 말의 뜻을 그제야 알았다. 그러나 영원한 이별의 의미는 알지 못했던 열두 살 아이였다. 원래 별일 아닌 일로 울었던 나는 오랜 기간 눈물을 삼켰다. 이상하게 '죽음'에 대해서는 말하면 이뤄질까 봐 마음 안에 꼭 담아두고 삭였다.

우리는 이별을 얼마나 준비하고 있을까.

나는 마흔 살이 되는 게 두려웠다. 41세에 갑작스럽게 돌아가신 아버지처럼 나에게도 그 순간이 올까 봐 불안했다. 지금도 희미하게 남아 있는 두려움 때문에 병원을 꼬박꼬박 다녔다. 생과 사의 가름은 정해진 때란 없었다.

아이에게 무엇을 가르쳐야 할까. 가시를 발라내는 법일까, 가시 없이 손질해둔 생선을 굽는 법일까. 아득했다. 나는 미래에 대한 걱정을 묻어두었다. 먼저, 숨을 고르고 밥 짓는 법부터 가르기로 했다. 이별을 준비하기 전에, 오늘을 가르치는 게 맞겠지.

쌀 씻고, 취사 버튼을 누르는 일부터.

추억은
피고 지고
또 피어나

2025년 봄. 배앓이에 보채던 정원이를 겨우 재웠다. 지난 4월 자궁경 수술 이후로 나의 회복은 더뎠다. 출렁이듯 몸을 휘감는 통증이 익숙해졌다. 잠이 오지 않아 뜬눈으로 지새웠다. 커튼 틈으로 스며든 달빛이 캄캄한 천장에 무늬를 그렸다. 욕심내도 괜찮은 건지 스스로에게 물었다. 대답 없는 방은 죽은 듯이 고요했고 아이의 숨소리만이 들렸다. 날이 밝았다.

올봄의 사진첩에는 벚꽃 사진이 없었다. 먹고 자고 아이를 돌보는 것만으로 벅찼다. 시작했던 일들을 매듭짓지 못했다. 마치 새로 산 옷을 거슬거리는 솔기 때문에 도저히 입지 못하는 것처럼. 갖지 못한 것을 넘기지 못하는 내면의 까슬거림에 괴로웠다.

고단함을 모를 때는 나도 자신만만한 탑을 쌓았던 시절이 불편했기 때문이었다. 과거의 치기와 인생의 천진난만함이 그리운 탓일지도 몰랐다. 결국 몸살이 났다.

작년 봄에 찍어둔 벚꽃 사진이라도 찾으려다 코스모스(*Cosmos*

bipinnatus) 밭에서 찍은 사진을 보았다. 2021년 가을, 정원이와 천변에서 찍은 사진이었다. 늦가을에 맞춰 다갈색 옷을 입고, 마스크를 쓰고, 손으로는 브이 자를 그리고 있었다. 그런 정원이의 양팔을 꼭 잡은 나는 화장기도 없이 안경을 쓰고 머리칼을 질끈 묶었다. 24시간 아이와 생각만 하며 살 때는 덜 아팠던 것 같았다. 그때의 나는 환하게 웃고 있었다. 이제 살 만하니 아픈 것일까, 그렇게 살아와서 아프게 된 걸까.

그해 가을은 정말 많이 아팠었다.

2021년 9월. 2년 전 미리 예약해둔 대학병원의 소아정신과 진료를 보았다. 4월에 해뒀던 검사 결과를 듣기 위해 H교수(의사)를 찾았다.

"어머님, 이 정도의 중증 자폐임에도 정원이가 어머님이 보시기에도 문제행동이 많지 않은 것은 다행이에요. 일찍부터 가정에서의 노력과 일찍 재활에 힘쓴 덕분이죠."

"교수님! 혹시, 검사 결과로 장애 등록이 가능할까요?"

"그렇게 하죠. 이제 발작 이력이 있으니, 치료는 스트레스 안 받게 조절하시면 됩니다. 서류는 진료 끝나면 준비해드릴게요."

정원이는 2021년 봄 첫 발작을 했다. 이제 너무 애쓰지 말아야 했다. 노력하지 않는 것은 쉽지 않았다. 진료가 끝나고, 간호사는 밀봉된 서류를 주었다.

"이 서류와 함께 검사 결과도 함께 주민센터에 제출하세요."

국가에 '장애'를 등록하는 일은 아이라는 나무에 공식 이름표를 다는 일이었다. 이튿날, 그간의 진료 내역과 필요 서류를 챙겨서 주민센터에 갔다.

"네, 준비하신 서류는 확인했어요. 심사가 확정되면 우편으로 서류가 올 거예요. 한 달에서 두 달 정도 걸려요. 그거 받으시면 아이 사진과 함께 다시 방문하세요."

한 달 반 뒤, 우편으로 온 장애등록 결정서를 챙겨서 주민센터에 방문했다. 서류를 내자 복지 담당자는 하늘색 복지카드와 파란 원형의 보호자용 장애인 주차증을 건넸다. 해맑게 웃는 정원이 사진 뒤에는 '자폐성 장애(심한 장애)'라고 적혀 있었다. 아이에게 '신분'이 생겼다. 이름표일까, 울타리일까. 내 손에서 카드가 이상하게 무거웠다.

'세상은 험난하니까, 이게 아이에게 도움이 되겠지.'

2021년 11월 17일. 정원이에게는 신분증이 생겼다. 그게 참 많이 아팠다. 스스로 아이의 가능성을 제한하는 것만 같았다. 지나고 보면 장애 등록은 그저 과정일 뿐이었다.

가만히 있을수록 몸살은 계속됐다. 이럴 바엔 일어나서 정원이랑 어디라도 가자.

오랜만에 찾은 C숲체원. 초여름의 녹음으로 산으로 둘러싸인 놀이터 옆에는 전원주택이 많다. 저곳에 사는 사람들은 행복하겠지. 밝은 회백색 벽돌집 옆, 커다란 맨드라미(*Celosia cristata*)가 피어 있었다. 오랜만에 맨드라미를 보니 셀비아(*Salvia splendens*)와 꽃잔디(*Phlox subulata L*)까지 봇물 터지듯 옛 기억이 밀려왔다. 내가 일곱 살 시절, 언덕 꼭대기 2층 단독주택에 살았다. 아마도 1층에 세 들어 살았던 것 같다. 하얀 타이즈에 하늘색 원피스를 입고 때 묻지 않은, 정원이와 닮은 얼굴의 나는 분홍색 꽃잔디 옆에 가만히 앉아 있었다. 꽃잔디의 반대쪽에는 알록달록한 채송화(*Portulaca grandiflora*)도 있었다. 집안 모습은 전혀 기억이 나질 않았지만, 정원에서 본 그 꽃만큼은 선명했다.

생각은 더 옛 시간으로 거슬러 올라갔다. 다섯 살쯤 외할머니 집에 놀러 가면 맞은편 담장 아래에는 다홍빛 셀비아가 있었다. 외할머니는 '사루비아'라 부르셨다. 꽃을 따서 끝을 쪽 빨면 달큰했다. 가장 오래된 기억의 꽃이 바로 맨드라미였다. 시골 할머니 집 마당에 피던 짙은 자줏빛 맨드라미. 촌스러워서 지금 마당에는 심지 않을 것만 같았던 꽃들이 떠올랐다. 세 살쯤 보았던 것이라 아예 잊어버린 줄 알았는데. 그때의 집도, 거리도 희미한데 꽃을 본 기억만 선명했다.

C숲체원에는 모래 놀이터가 있다. 그 양쪽에는 등산로로 통하는 계단이 이어진다. 정원이는 맨발을 모래에 담그고 놀았다. 정원이는 손에서 모래가 스르르 흘러내리는 모양을 한참이나 보았다. 나는 아이 옆에 앉아 발을 씻겨주었다. 수돗가에는 주황색 메리골드(*Tagetes*)가 피어 있다. 꽃은 어디에나 있었다.

지난 기억에 연연해 아프던 내가 우스워졌다. 별거 아닌 일로, 갖지 못했단 이유로, 마음이 불편하단 이유로 몸살을 앓아서 부끄러웠다. 기억해야 할 것은 그런 게 아니었다. 이 작은 발, 파란 하늘과 다홍빛 메리골드 꽃. 그리고 나를 닮은 아이의 웃음꽃이었다. 태어나고 처음 안았던 아이도 저렇게 반달눈으로 웃었다. 장애 등록 이후로 많은 것이 변했지만 이 웃음꽃만은 여전했다. 처음 만난 그 순간의 벅참이 생각났다.

정원이는 옆에서 엄마가 무슨 생각을 하는지 모른 채 마냥 신났다. 엄마와 놀러 오는 이 시간이 아이에게는 꽃, 그 자체였다. 그리고 나는 추억의 꽃다발을 받았다. 맨드라미부터 메리골드까지. 그동안 한 시절 화려하게 피고 나면 스러지는 꽃들을 놓지 못해 아팠다. 인생에서 가장 화려한 꽃은 몇 주 훅 피어나 그 시간을 더욱 특별하게 만들었다. 꽃은 봄부터 겨울까지 각자의 계절에 피고 지고 있었다. 그 꽃들은 사진첩에 남아 있다. 사진첩에는 뜻밖의 즐거움을 주었던 작은 꽃들도 기억났다. 연보랏빛 종 모양이 귀여운 프로스탄테라(*Prostanthera inearis*) – 로즈마리를 닮은 허브와 보리수나무

(*Elaeagnus umbellata Thunb*)도 작은 종 모양의 꽃을 피웠다. 눈에 잘 띄지는 않지만 향은 진하고 싱그러웠다. 정원이처럼.

아이와 함께 돌아오니 마당에 가우라(*Gaura lindheimeri*) 꽃이 피어 있었다. 진분홍 나비 모양의 꽃을 단 채 바람에 흔들렸다. 꽃은 모두에게 위로와 기쁨을 주었다. 선물처럼 찾아온 꽃 – 정원이처럼. 추억을 꽃과 함께 저장해두었다. 어디서든 같은 꽃을 다시 만나면 각각의 추억도 함께 만날 수 있을 테지.

기억은 마음속에 살아 있는 한 송이 꽃이었다. 꽃은 자신의 계절에 피어날 것이다. 조금 늦든, 조금 빠르든, 그것은 꽃의 몫이다. 모두가 그저 꽃이기에.

몸살이 조금 나아졌다. 다시 사진첩에 담긴 하늘을 보았다. 햇빛으로 반짝이는 꽃들을 보았다. 머리를 질끈 매고 운동화를 고쳐 신고 현관 밖으로 나섰다. 미처 사진으로 담아두지 못한 하늘 아래 꽃들을 보았다. 마음의 몸살이 조금 옅어지길 바라며.

수수께끼는
늘
어렵다

2025년 6월이었다. 최근 정원이가 잠도 잘 못 자고 소변 실수가 잦았다. 그날은 아침부터 일이 많았다. 곧 비가 올 것처럼 날은 흐렸다. 멀리 이팝나무(*Chionanthus retusus*)조차 흐릿했다. 두통이 밀려왔다. 실습 보고서를 마무리할 시간이 부족해 낙담하고 있었다. 잘하고 싶은 마음에 괴로웠고, 아이를 살짝 원망하며 속으로 투덜댔

다. 가장 바쁜 이번 주에 유독 다루기 어려운 정원이 때문에 힘들었으니까. 간단한 의사소통도 갑자기 되지 않았다. 무엇인가 느낌이 이상했다.

'빨리 대처하면 될 거야. 그럼 쉴 수 있겠지. 미세한 변화를 이번에도 잘 알아차렸으니까. 다행이야.'

급히 주치의가 있는 소아정신과를 예약했다. 몇 년 전처럼 '약물 부작용'일까 싶었다. 이번에도 문제를 풀 수 있으리라 생각했다. 여섯 살 정원이가 처음 겪었던 부작용도 풀었으니까. 가장 가까이에서 아이를 지켜보는 것은 나였다. 진료실 문을 두드렸다. 똑똑.

"선생님, 아이가 평소랑 달라요. 웃음도, 지시 수행도 전과 다른 느낌이에요. 손만 닿아도 웃거나 주저앉아요. 제가 이달 초에 수술을 해서 아이도 심리적인 영향을 받아서 그런 걸까요? 혹시 지금 복용하는 약의 부작용일까요?"

"부작용보다, 섬망과 비슷한 증상이에요. 급성 혼란, 인지 저하 같은 일시적인 상태요. 어딘가 불편해 보여요. 심리적인 원인보다 신체적인 원인 같아요. 약의 복용부터 2주간 중지하면서 지켜봅시다."

"정원아, 그만."

진료실의 정원이가 화분에 손을 넣었다. 아이 손에 묻은 흙을 털어내며, 다시 의사에게 물었다.

"섬망이 뭔가요? 경련 때문인가요?"

"경련 후의 후유 반응 비슷한 겁니다. 보통 수술 이후 일시적으로 겪기도 해요."

섬망처럼 보인다고요? 진료 후 망연함이 찾아들었다. 약만 조절하면 될 것 같았는데. 여기서 얼마나 더 고통스러워야 할지에 대한 두려움이 밀려와 아무 생각이 나지 않았다. 미래에 대한 걱정으로 머릿속이 하얗게 부서지는 느낌이다. 눈을 질끈 감았다.

집으로 돌아오는 차 안. 여전히 하늘은 흐릿하게 지나가고 눈앞은 깜깜해졌다. 곧 번개가 치고 비가 쏟아졌다. 번득이며 주변은 밝아졌다 어두워졌다. 차창 밖의 가로수들은 어지러이 흔들렸다.

어렸을 때부터 나는 수수께끼를 좋아했다. 퍼즐 풀이도 좋아했다. 그래서 추리소설도 좋아했다. 활자 중독처럼 책을 읽고 또 읽어서 시험의 문맥을 파악하는 것은 그리 어렵지 않았다. 국어 선생님들의 사랑을 받았다. 학교에서 하는 보충학습 시간과 교사용 문제집이 공부의 전부였다. 언어 영역은 높은 점수를 받았다. 흐르듯 대학교부터 대학원 시절까지 보냈다. 주어진 대로 하나하나 해내면 성과가 있었다. 국어를 좋아해서 그런지 논문도 잘 썼다. 막연한 불안은 있었지만, 큰 계획이 없어도 결혼까지는 무심히 살았다. 서른에 취직했지만, 수료했던 학위가 마음이 걸렸다. 사표를 냈다. '다시 시작하면 되지' 싶어 논문을 썼다. 젊음의 치기였을까, 미래에 대한 무지였을까. 정원이를 낳고는 모든 것이 달라졌다. 이렇게 자주 아이와 병원을 다니게 될 줄은 그때는 몰랐다.

쏴아아아. 비는 더 세차게 쏟아졌다. 하늘은 낮게 으르렁거렸다. 캄캄했던 하늘이 환해졌다. 번쩍. 다시 번개가 친다. 눈앞이 하얗다.

"산모님, 앞이 보이시나요? 잠이 깨셨나요?"

눈을 뜨니, 수술대 위였다. 천장의 빛이 눈부셨다. 정원이를 낳던 날, 나는 마취에서 좀처럼 깨지 못했다. 차가운 수술대 위에서 정원이를 꺼내고 울음소리를 듣고, 다시 잠든 기억만 있다. 이어 아주 작은 정원이가 떠올랐다. 생후 두 달 때 했던 서혜부 탈장 수술이었다. 수술대 위에 오도카니 누워 있던 아기의 얼굴. 나는 마취에서 깨 눈만 깜박이던 아이의 머리를 쓰다듬었다. 그리고 울며 속삭였다. '이제 괜찮을 거야.'

정원이는 매번 새로운 수수께끼를 나에게 주었다. 때로는 맞추고, 때로는 틀리고. 수수께끼는 점점 어려워졌다. 수수께끼는 다양했다. 아이의 기분, 아픔, 병의 상태를 관찰해서 알아내야 한다. 정원이를 돌보거나 마주하는 모든 사람에게 나는 정답을 설명해야 했다. 정답은 나도 잘 몰랐지만. 나중에 그 정체가 자폐라는 것을 알았어도, 풀이가 쉬워지진 않았다. 아이와 소통이 어려웠다. 만점이라도 소용없는 곤혹스러운 맥락 파악이란 것을 상상할 수 있을까. 나는 이전까지 가진 세상의 법칙을 다시, 새롭게 익혀야 했다.

얼마 전, 수수께끼 하나를 풀었었다. 이유 없었던 울음의 원인은 장염이었다. 식사를 하지 못하는 것도 힌트였지만, 간신히 한 발 늦게 풀었다. 그러나 풀지 못하는 수수께끼도 많았다. 원인을 찾지 못한 채 사라졌다. 정원이의 섬망 같은 증상이 그랬다. 약을 줄여도 증상이 계속되서 채혈을 했고 결과는 이상이 없었다. 수수께끼는 풀린 것일까.

아이에게 느낌이 어떤지 물을 수 없었다. 마이토키로 [아파요], [졸려요]로 답해주는 것도 감사했으니까. 세상의 모든 수수께끼가 답이 있는 것은 아니었다. 답은 몰라도 아이만 건강하면 괜찮았다.

어느새 비가 그쳤다. 하늘은 여전히 흐렸다. 이팝나무의 흰 꽃이 바닥에 떨어져 복잡한 무늬를 그리고 있었다. 초록빛 나뭇잎에 맺힌 물방울이 볼에 툭 떨어졌다. 해설집 하나 없이 경험의 막연함으로만 사는 과정은 답답했다. 그러나 자폐가 아니더라도 인생의 정답은 없음을 이미 알고 있었다. 비 온 뒤 물기 어린 바람이 볼을 스쳤다.

'누군가 해답을 알려주면 좋겠어. 언제까지 이 수수께끼를 풀어야 할까.'

나는 정원이를 사랑한다. 그럼에도 수수께끼는 늘 어렵다.

당신의 영광의 시대는 언제인가요

"정원사님, 당신에게 있어 영광의 시대는 언제였나요?"

식물도 사람처럼 영광의 시대가 있을까? 베란다 정원에서 유독 눈길을 붙잡는 순간이 있다. 겨우내 마른 가지로 지내다 날이 풀리면 연둣빛 새순이 돋거나 몇 해를 미루던 꽃이 피던 순간이었다. 주의를 기울이지 않으면 순식간에 지나가버려 더 귀한 찰나였다. 매일 성실하게 식물을 마주해야만 알아차릴 수 있는 영광의 시대 – 그 순간만큼은 키우는 사람만이 누릴 수 있는 작은 선물 같았다.

축전, 긴 기다림 끝에 피어나는 가장 큰 불꽃의 영광

처음에 축전(*Conophytum bilobum*)을 데려왔을 때는, 꽃은 전혀 상상하지 못하고 귀여운 하트 모양이 예뻐서 데려왔다. 작고 통통한 몸통은 물이 부족하면 쪼글해졌지만, 물을 먹으면 다시 오동통해졌다. 그래서 살짝 주름이 질 때가 물이 조금 모자란 것이니 그때 주

면 적당한 타이밍. 처음에는 저 하트 모양의 몸통 네 개가 그대로 있을 줄 알았는데, 탈피를 거치면서 제법 덩치를 키웠다. 하나가 둘. 둘이 곧 넷. 식물 역시 저마다의 방식으로 성장한다는 것을 그때 배웠다. '물주기를 참아야 할 때'는 더 있다. 한여름과 탈피기다. 이때 억지로 물을 주면 녹아버린다. 조금 못나 보여도 참고 기다려야 했다.

뜨거운 햇살 아래 긴 여름을 잘 버텨내면 축전의 의식이 시작됐다. 나는 드디어 꽃을 볼 수 있었다. 햇볕에 달달 달궈낸 작은 하트는 가을이 되면, 머리 부분에서 뽕 – 하고 꽃을 피웠다. 몸집에 비해 놀랄 만큼 화려한 불꽃놀이. 마치 좋은 소식을 가져다주는 '축전'처럼, 꽃은 화려하게 피고 깔끔하게 졌다. 딱 한 달, 축전이 탈피하고 물을 굶고 피워냈던 순간, 영광의 시대였다.

슈가바인, 매일 꾸준하게 쑥쑥 자라는 성실의 영광

이름부터 참 예쁘지 아니한가? 사진을 보자마자 반했던 슈가바인(*Parthenocissus cereifera*)이었다. 아이비와 비슷한 덩굴식물인데, 잎은 마치 별 모양으로 반짝거렸다. 좀처럼 구하기 어려워 넉넉히 네 포트를 주문해서 한 포트는 나눔했다. 마음에 드는 식물이 있으면 두세 포트를 사야 안전했다. 딱 한 포트만 샀다가 다시 구할 수 없을 때를 종종 겪은 뒤에 얻었던 일종의 팁이었다. 슈가바인은 거실 앞쪽 서늘한 베란다에서 키웠다. 멋스럽게 아래로 늘어뜨리면서 자랐다. 한동안 이 '폭풍 성장'을 보는 재미로 지냈다. 물도 잘 먹는 편이라 화분을 들어보고 흙이 가볍다 싶으면 물을 주곤 했다.

물 샤워를 한 반짝거리는 잎이 사랑스러웠다. 매일 봐도 연둣빛 잎을 보여줬던 성실한 슈가바인이 좋았다. 날마다 새로운 기분을 선물받았다. 마치 아이들이 하루가 다르게 크는 것처럼. 성장의 즐거움은 나를 기쁘게 했다. 이 열렬하고도 부지런한 슈가바인은 나에게 영광은 화려함이 아니라 꾸준한 성장의 리듬에서 온다는 걸 가르쳐주었다.

병솔나무 – 붉은 실타래가 풀리며 밝히는 비밀

이름부터 재밌는 병솔나무(*Callistemon lanceolatus*)는 병을 닦는 솔 모양의 꽃이 핀다. 특이한 만큼 키우기도 까다로웠는데, 완전한 직광을 원하면서도 영하의 온도에서 키우기는 또 어려웠다. 하지만 그 모든 어려움을 상쇄할 만큼의 예쁜 순간이 있는데 바로 꽃이 피는 순간이었다. 엉켜 있던 붉은 실이 풀리듯이 피어나는 병솔나무 꽃은 그 자체로도 참 매력적! 실타래가 다 풀리면 완연한 병솔의 모양이 되었다. 꽃은 그 색상만으로 강렬한 존재감을 드러냈다.

하지만 피는 순간은 오로지 키우는 사람만이 볼 수 있었다. 일종의 독점 관람권이었다. 꽃은 아주 짧은 순간에 화려하게 피고 금방 졌다. 꽃이 진 뒤, 새로이 나는 잎은 옅은 분홍을 띠고 있어서 그 또한 사랑스러웠다. 짧은 개화 시간을 즐기고 주로 예쁜 잎을 보는 것으로 즐거움을 삼아야 하는 나무. 키우는 자에게만 몰래 선물하는 실타래 꽃, 그 꽃이 풀리는 순간, 병솔나무가 가장 빛나는 순간이지 않을까.

각자의 모든 순간에 영광은 있다

정원사의 영광은 이러한 순간을 마주할 때 기쁨을 오롯이 누릴 수 있다는 데에 있었다. 꽃이 피고 새순이 나고 매일매일 거듭되는 작은 식물들의 역사를 혼자서 1열의 관람자로서 지켜보았다. 동백은 겨울 끝자락을 고요히 톡 하고 꽃봉오리가 떨어졌다. 낙화의 소리마저 품위 있었다. 가문비나무의 새순이 피어나는 순간도 아름다웠다. 삐죽 솟은 날카로운 비늘 잎에게도 새순은 아기 손처럼 부드러웠다. 눈을 뒤집어쓴 듯 밝은 연둣빛 새순으로 차려입게 만드는 봄은 가문비나무의 전성기였다. 태어나고 피어나고 지는 그 모든 순간에 저마다의 영광의 시대였다.

엄마로서의 영광은 아이의 웃음꽃을 피우는 순간

정원이를 키우는 나에게도 영광의 순간이 있었을까. 지금의 순간들은 때로는 아프고 때로는 무겁게만 느껴졌다. 빛나는 순간은 이제 더 이상 오지 않는 게 아닐까 싶어 마음이 내려앉았다. 아이의 시간은 식물처럼 느리게 흘렀다. 제자리에 있는 것마냥 느껴지다가도 어느 순간 자라 있었다. 말하는 것은 아직이어도, 표정과 몸짓은 계절처럼 미세하게 달라졌다. 영광은 '남의 속도'가 아니라 '우리만의 속도' 안에서 찾을 수 있었다.

가장 느린 꽃인 '꼬마 가드너'가 환하게 웃을 때, 손끝으로 '아니'라는 제스처를 배워 흔들 때, "뽀뽀"라고 말하면 볼을 내밀어 주는 그 순간이었다. 순간과 순간이 연결되어 영광의 빛으로 이어졌다. 곤히 잠든 아이의 속눈썹, 따뜻한 체온, 지나면 다시는 돌아오지 않는 바로 이 순간이 고스란히 빛으로 이어졌다. 그럴 때면 내 마음도 꽃처럼 피어났다. 엄마로서 영광의 시대는 바로 지금이었다. 정원이를 낳고 키우며 사랑하는 매 순간.

정원은 오늘도 작은 기쁨의 연속이었다. 커다란 태양은 올려다본다고 그 크기를 가늠할 수 없었다. 천천히 걷고, 오래 들여다볼 때, 식물의 영광은 비로소 모습을 드러냈다. 손바닥만 한 여린 잎맥, 막 오른 소담한 꽃심, 부드러운 흙의 축축한 향. 그 작은 것들을 알아차릴 때, 이미 영광은 가까이에 있다. 엄마도 정원사도 아닌, 나만의 영광은 어디에 있을까. 나는 오늘도 나만의 알 수 있는 빛나는 매 순간을 기록한다.

영광은 멀리 있지 않다. 눈물과 아픔 사이에도 기쁨은 있다. 어제와 오늘 사이의 아주 얇은 틈에 조용히 있다. 이 글자 위에서. 불꽃처럼 짧게 – 그러나 분명하고도 영원히 살아 있다.

5장

인생의 정원에서 가장 느린 꽃을 키우다

말하지 않아도 '사랑한다' 이야기할 수 있어요

[엄마]

[보고 싶어요]

작은 손가락이 태블릿의 이미지를 눌렀다. 설정된 기계음인데도 아이 목소리 같았다. 소리가 빛난다면 지금 이 순간이 가장 밝을 것이라 생각했다. 마음을 울리는 두 단어. [엄마] [보고 싶어요]. 정원이를 만난 지 일곱 해가 다 되어서야 처음으로 들은, 아이의 보고 싶다는 '이야기'였다. 초등학교 입학하기 전에 선물처럼 아이는 내게 '이야기'했다.

'그래, 엄마는 늘 네가 보고 싶었어. 네가 옆에 있어도 늘 보고 싶었단다. 누가 알았을까. 서른다섯 살에 만난 너에게 "엄마"라는 소리를 듣기 위해 이리 오랜 시간을 기다려야 했을지. 그리고 그 시간을 울보인 내가 이렇게 씩씩하게 버텨낼 수 있었을지. 그때는 몰랐단다.'

"정원아! 밥 먹자."

언어치료를 다닐 때면 아이와 함께 나무그늘 아래 벤치에 앉아 도시락을 먹었다. 한창 코로나19가 기승을 부릴 때도 우리는 열심히 다녔다. 마스크를 쓰고 하는 언어치료가 무슨 소용일까 싶기도 했지만, 치료라도 다니지 않으면 답답했다. 병원 가기도 두려웠던 시절이기에 식당은 가지 않았다. 그래서 늘 보온도시락통에 밥과 국을 싸 갖고 다녔다. 식판까지 챙겨 나온 모양이 소풍이 따로 없었다. 장소는 늘 센터 근처 공원이었다. 비가 오면 우비를 입고 우산을 챙겨 들고 지붕 있는 데크에 앉아 도시락을 꺼내곤 했다. 봄에는 벚꽃나무 아래서 밥을 먹었고, 가을에는 은행나무 아래서 밥을 먹었다. 정원이의 기억 속에는 치료가 아니라 소풍으로 남을지도 모르는 시간. 시간표가 맞지 않아 중간에 한두 시간이 비면 공원을 찾았다. 아이는 나뭇잎 위에서 뒹굴기도 하고 그네에 누워 파란 하늘을 바라보기도 했다. 그렇게 30개월부터 시작된 우리만의 '소풍'은 몇 차례의 봄을 지나 정원이는 어느새 7년이 흘렀다. 아이가 커갈수록 나의 혼잣말도 늘었다.

영유아 발달에 관한 책을 읽으면 대부분의 첫 발화는 '엄마'라는 단어였다. 주변을 보면 대부분 돌에서 두 돌 사이에 말이 트였고, 늦되는 아이들도 세 돌을 기점으로 말했다. 그래서 조금만 더 기다리면 아이가 엄마를 부르는 목소리를 들을 수 있으리라 생각했다. 14킬로그램 아이를 아기띠에 매달고 시내버스를 타고 환승하여 대학병원의 문을 두드렸던, 눈물 많은 두 돌 아기 엄마가 이제 낭랑한 목소리로 노련한 치료사처럼 플랜을 짜고 아이 수업의 상담에 임하게 되었다. 오로지 정원이 한 명을 위해 열심히 배웠다. 내가 '무발화 자폐성 장애아동의 어머니'가 된 이후로, 지금까지 언어치료를 쉰 적이 없다. 정원이도 언젠가 날 '엄마'라고 불러줄 수 있을 줄 알았다. 느린 아이들 사이에서도 유독 더 느린 아이가 바로 내 아이일 줄은 꿈에도 몰랐다.

정원을 가꾸며 가끔 식물들이 말이 없는 모습이 정원이와 닮았다는 생각이 들었다. 시기에 맞춰 물을 주고 정성을 다해도 식물들도 아플 때가 있었다. 각자에게 주어진 환경이 다르니 갑자기 시들어도 이유를 알 수 없었다. 아무리 책을 뒤적거려도 방법을 찾지 못했다. 정원이를 키울 때도 답답함은 내게 자주 찾아왔다. 아이를 지켜보고 미루어 짐작하는 것은 한계가 있었다. '말하기(구어)'에 의한 의사소통이 정원이에게는 너무 어려웠기 때문이었다. 그림이나 사진으로 의사소통하는 보완대체 의사소통(Augmentative and Alternative Communication, 이하 AAC)을 가르쳐주는 언어재활사를 계속 찾았다. 매번 만나는 언어재활사마다 구어의 중요성을 강조했다. 당시 여섯 살의 정원이는 아직 가리키기(pointing)도 어려웠기에 무엇을 원하는지 알 수 없었다.

'어떻게 아이의 마음을 알 수 있을까.'

나는 간절했다. '배고프고, 아프고, 졸리고' 같은 기본 요구에도 점점 떼가 늘고 울음도 늘었다. 아이가 울면 서너 가지 대안을 가지고 대응했다. "밥 줄까?" 물으면서 밥을 차렸고, 그래도 통하지 않으면 "나가고 싶니?" 물으며 운동화를 보여줬다. 하지만 그 모든 대안이 아이에게 '정답'이 아닐 때도 많았다. 아이가 언제 배고플지 몰라서 조마조마했다. 모든 경우의 수를 고려해 짐을 싸는 날이 고되게 느껴졌다. 가장 곤란할 때는 아플 때였다. 컨디션이 안 좋은데 어디가 안 좋은지 아이도 나도 잘 몰랐기 때문이었다. 그럴 때는 나도 아이처럼 목 놓아 울기도 했다. 그럴 때마다 아이의 '이야기'를 알고 싶었다. 그것이 '엄마'라 불러주는 목소리가 아닐지라도.

"선생님, 아무래도 PECS를 배우면 어떨까요? 너무 답답해요."

"AAC나 PECS를 배우면 말 트이는 게 더 늦어질 수 있어요. 조금만 더 견뎌보세요, 어머니."

'정원이는 벌써 여섯 살인데요.'

정원이의 장애 등록을 마쳤을 무렵 언어치료를 시작한 지 4년째 되는 가을이었다. 포기할 수 없어 인터넷이나 주변을 알음알음 알아보았다. AAC, PECS(그림 교환 의사소통 체계, Picture Exchange Communication System) 같은 키워드를 검색했다. 문의할 때마다 조금 더 기다려보라고, '말하는 것'이 중요하다고 했다. 카드를 쓰면 오히려 하고자 하는 의도가 떨어져 더 늦어진다며. 지금 의사소통은 생존에 가까웠기에 찾아야만 했다. AAC의 중요성을 강조하는 센터가 오픈했다는 블로그를 보고 상담 신청 메일을 보냈다. 초기 상담에서 언어재활 치료사는 말했다.

"어머님, 구어는 의사소통의 30퍼센트만 차지해요. 아이의 표정, 제스처, 그 모든 것이 의사소통입니다. 무엇보다 그 '의도'를 키우는 것이 중요합니다."

현재 정원이 AAC를 포함한 의사소통을 3년째 배우고 있다. 그 뒤로 아이는 상징 카드 '가리키기'를 통해 자신이 원하는 것을 하나하나 짚을 줄 알게 되면서 아주 느리게, 천천히 아이의 세계가 확장되었다. 언어 카드로 O와 X를 이해하게 됐다. 누군가 정원이에게 물어보았을 때 '예, 아니오'를 표현할 수 있어 조금 더 소통이 수월해졌으니. 상징이 조금 익숙해질 무렵, '마이토키'라는 앱을 쓰게 되었다.

'앱 속의 어린아이 음성이 정원이 목소리 같네.'

아이도 그랬나 보다. 마치 말을 배우듯 사용법을 익혔다. 그 뒤로 [신나], [졸려], [짜증 나], [쉬어], [아파], [맛있어], [맛없어] 등 자신의 감정과 상태를 표현할 수 있게 되었다. 예를 들어, 과거의 잘못에 관해 물을 때,

"엄마를 부를 때 꼬집으면 아프지? 일부러 그러지 않아도 다른 사람을 아프게 하면 속상해!"라고 이야기한다. 그러면 정원이는 마치 정말로 말하듯 망설이다가 (마지못해 천천히, 시무룩하게) "… [네]"라고 대답했다.

감격스러웠다.

오랜 기다림 끝에 익힌 의사소통의 방법 역시 보통의 사람처럼 자유롭지는 않았다. 세상에서 가장 쉽고 편한 의사소통 수단은 결국 누구나 사용하는 '말'이었기 때문. 말하는 이들은 결코 알 수 없을 세계에서 아이는 살고 있었다.

편한 '말'을 두고 카드를 꺼내고, 기기를 꺼내야 하는 일상은 번

거로웠다. 떼 쓰지 않아도 원하는 것을 얻을 수 있는 것을 알게 된 정원이는 새로운 세상의 문을 열었다. 영문 모를 울음으로 표현하던 정원이는 차츰 안정되기 시작했다. 터지기 직전 풍선처럼 위태로웠던 아이의 상태는 '소통의 틈'이 생긴 것만으로도 평온해졌다. 이윽고 정원이는 고갯짓으로도 '예', '아니오'를 표현하게 되었다. 나는 아이와 소통할 수 있다는 즐거움을 일곱 살이 되던 해에 처음으로 알게 되었다. 기뻤다.

[엄마] [배고파요]

창밖의 푸른빛이 가득한 나무를 바라보던 정원이가 식판을 들고 찾아와 웃었다. 내 귀에는 배고프단 아이의 칭얼거림처럼 보였다.

[엄마] [나가요]

내 손을 잡아끌고 정원에 나가자는 손짓에서 아이의 재잘거림으로 느껴졌다. 적절한 도구의 활용을 통해 아이의 의사소통이 조금 더 원활해졌다. 이는 정원이가 세상을 만날 수 있는 디딤돌이 되었다.

[엄마] [보고 싶어요]

1학년 때부터 조금씩 나라의 '발달장애 활동지원 바우처'의 도움을 받기 시작했다. 24시간 엄마랑 붙어 지내다 두세 시간 떨어져 보는 연습을 했다. 나는 자신만의 생활을 쌓아가는 정원이가 무척 기특했다. 아이는 떨어져 지내는 시간이 있어 '엄마에 대한 그리움'이라는 감정을 느꼈나 보다. 일곱 살의 봄, 정원이는 '먼저' 눌러서 '표현'한 것이다. [엄마] [보고 싶어요]라며. 대기실 밖에서 들리는 그 작은 기계음에, 나는 오랜만에 숨죽여 울었다. 어느새 기적은 내 옆에 와 있었다.

2024년 초등학교 2학년 정원이는 치료실에서 시행한 수용·표현 어휘력(REVT) 검사에서 수용 언어가 생활연령 대비 1.5세 지연으로 나왔다. 믿기지 않는 결과였다.

'정원아, 다 듣고 있었구나. 많이 알고 있었구나.'

정원이는 지금도 '말하기'가 어렵다. 이는 '의도는 있으나 몸이 따라주지 않는 실행의 문제' 때문이란 걸 알고 있다. 알아듣는 것과 실행하는 것의 간극은 우리의 다른 숙제로 주어졌다. 여전히 나는 정원이의 '의미 있는 목소리'를 듣지 못했다.

그러나 아이의 '이야기'는 지금도 보고 들을 수 있다.

정원이는 이야기할 것이다.

우리의 평범하고 느린 일상도 반짝반짝 빛나고 있다는 것을.

엄마와 함께했던 소풍은 늘 행복했다고.

자폐 스펙트럼,
모두가
꽃이야

끼이익! 쿵!

"아줌마! 운전을 어떻게 하는 거요!"

음악치료에서 돌아오는 길이었다. 정원이의 재활치료를 다닌 지 반년 된 나는 초보운전사였다. 아이를 위해 노력하고 있다는 것은 나에게 희망이었고, 자신감이었다. 금요일 오후 4시 시내에서 돌아오는 길은 늘 막혔다. 뒷좌석의 정원이는 어느새 곤히 잠들어 있었다. 아이가 깨기 전에 집에 도착하면 차 안에서 쉬고 싶었다. 조금 빨리 도착할까 싶어 새로운 길을 선택했다.

'왼쪽 차선으로 변경해서 유료도로를 타면, 빨리 집에 갈 수 있을 거 같아.'

뒤를 살피고 왼쪽 차선으로 바꾼 순간, 뒤에서 거의 동시에 차선을 변경한 택시와 부딪혔다. 쿵. 심장이 덜컥 내려앉았다. 정원이는 괜찮을까. 다행히도 깨지 않았다. 앞쪽에서 잔뜩 찌푸린 표정의 택시 기사가 내렸다. 그는 하얀 마스크를 쓰고 있었다. 전 세계를 휩쓴 팬데믹은 나의 교통사고와 함께 시작되었다. 적극적으로 재활을 시작한 지 석 달도 되지 않았을 때였다. 정원이 나이 다섯 살(만 3세), 2020년 1월의 오후였다.

자신의 아이가 '자폐 스펙트럼일지도 모른다'는 말을 듣는다면, 부모는 이를 벗어나기 위해 뭐든 했을 것이다. 나 역시 그랬다. 초등학교 입학할 때까지 또래의 발달을 따라잡으면 보통의 삶을 누릴 것이라 믿었다. 여덟 살이 되면 다른 친구들과 함께 평범하게 입학할 것이라고 생각했다. 그것은 일종의 신화였고, 당연함이었다. 주변에도 따라잡는 아이들이 존재했다. 그 아이가 정원이가 아니었을 뿐.

모두가 함께 올랐던 '보통의 삶'을 향한 산은 안개 속에 가려 잘 보이지 않았다. 정상(頂上)으로 향하면 정상(正常)이 될 줄 알았다. 나는 정원이를 업고 열심히 산을 올랐다. 어떻게 키워야 할지, 어떻게 마주해야 할지 몰랐다. 내 등에 매달린 정원이의 몸은 따뜻했고 나는 기적이란 희망에 매달렸다. 열 달 동안 품은 생명에 대한 꿈은 '따라잡으면 된다'는 깃발을 향한 맹목의 여정이 되었다.

"여보, 조금만 더 가면 B사야."

2019년 1월, 남해의 B절을 정원이와 함께 찾았다. 정원이가 태어나기 전, 새해맞이로 찾아간 곳이었다. 3년 만이었다. 절은 산중턱에 자리하고 있었기에 오르는 길이 험했던 기억에 다시 오지 않으려 했다. 다소 가파른 산행은 갓 두 돌이 지난 아이에게 버거웠다.

정원이 아빠와 나는 교대로 업다시피 하면서 무모하게 산을 올랐다. 한 달 전, 정원이는 언어치료를 시작했다. 우리 가족은 아이의 말문이 트이기를 바라는 마음으로 산에 올랐다. 이 산의 정상에 오르면 아이도 괜찮아지지 않을까. 겨울임에도 이마엔 땀이 맺혔다.

산을 오르면서 지난 봄 – 아이의 '다름'을 알아챈 15개월 무렵 – 을 생각했다. '말귀가 조금 느려. 물건을 가져오는 심부름을 하지 못하는데, 어쩌지?' 정원이는 눈맞춤이 좋고 방긋 웃는 게 귀여운 아이였다.

산 아래 남해의 작은 섬들이 보였다. 탁 트인 하늘 아래에서 정원이는 그저 신나 폴짝 뛰어 올랐다. 구름 사이로 햇빛이 반짝였다. 산을 오르며 만났던 겨울나무의 아름다움은 전혀 기억나지 않았다. 반짝이는 바다는 멀었고 아득했다. 하늘만 보였다.

'부디 이 시련을 넘게 해주세요. 우린 괜찮아질 겁니다.'

정원이의 다름을 더 일찍 발견하고 재활에 매진했다면 어땠을까. 후회가 땀방울이 되어 흘렀다. 한겨울인데도 춥지도 덥지도 않았다. 아무것도 느껴지지 않았다.

"어머님, 일단 검사를 받아보시겠어요?"

정원이가 자폐성 장애인지, 지적 장애인지, 단순 언어 지연인지는 부모가 판단할 수 없었다. 그것은 의사의 몫이었다. 생후 20개월, 신생아 때부터 아이를 진료하던 소아과 의사가 혹시 모르니 '언어치료를 받아보라'며 소견서를 써주었다. 2018년 12월, 정원이가 두 돌이 지났을 즈음에 대학병원 소아청소년과에서 발달검사

(cass, 베일리)를 받고 언어치료 처방을 받았다.

"여보, 정원이는 그냥 말이 늦는 거야, 나도 그랬대. 남자 아이들은 많이 그래."

"조카도 33개월에 말문이 트였으니까. 말이 늦는 게 걱정돼서 그러니 한번 가보자."

몇 번이나 미룬 끝에 소아정신과 전문의를 찾았다. 당시 입소한 K어린이집에서 아이를 다루기 힘들어했다. 정원이는 진료실 조명에 시선을 빼앗겨 천장만 보았다. 의사는 안타까운 눈빛으로 말을 고르며 추가 검사를 권했다.

K어린이집 원장은 정원이 아빠에게 크리스마스 파티의 산타를 권했다. 내성적인 정원이 아빠는 어린이집에서 아이를 어렵사리 맡아주고 있다며 부탁을 수락했다. 파티 당일, 그의 산타는 훌륭했지만, 다른 아이들의 산타였다. 정원이는 웅성거리는 사람들 틈에서 당황해서 울었다. 나는 아이를 안고 행사장 밖으로 나갔다. 정원이는 산타가 된 아빠를 보지 못했다.

장기자랑 시간이 되었다. 산타 복장을 벗은 정원이 아빠와 나는 아이 차례를 기다렸다. 다 같이 율동하는 같은 반 아이들 뒤에서 정원이는 혼자 서성이다가 무대의 펄럭이는 천을 만졌다. 어린이집 교사가 정원이 손을 잡아 제자리로 이끌었다. 아이는 다시 뒤를 돌아보았다. 반짝이는 장식이 더 재미있었다. 다른 부모들의 웃음소리가 들렸다. 나는 웃을 수 없었다. 핸드폰을 꺼내 사진을 찍는 척했다. 화면 속 정원이는 혼자였다. 집으로 돌아오는 차 안에서 정원

이는 곤히 잠들었다. 백미러에 비친 아이의 얼굴은 평온했다.

2019년 12월. 우리의 세계는 달라졌다. 다시 돌아갈 수 없었다.

그러나 시련은 곧 끝날 거라 믿었다.

'열심히 하면, 조금만 고생하면, 내가 노력하면'이란 조건을 붙이고 어디든 갔다. 새로운 경험이 아이의 문을 열어주면 우리의 세계를 열어줄 것이라 믿고 또 믿었다.

"네, 제가 정원이 엄마입니다. 네? 정말요? 그럼요, 입학하겠습니다. 정말 감사해요."

2020년 3월, 교육청에 배치 신청서를 내고 특수교육대상자로 등록했다. M유치원 도움반에서 두 자리가 비게 되었다며 전화가 왔다. 입학 예정이었던 두 명이 팬데믹으로 입학을 포기한 것이다. 먼 거리의 병설유치원만 자리가 남아 있어 고민하던 참이었다. 멀리 보내느니 내 품에 끼고 키우는 게 낫지 않을까 싶었는데 다행이었다.

2020년 5월. 코로나19로 M유치원은 조금 늦게 문을 열었다. 정원이는 햇살반과 씨앗반(통합반) 소속이었다. 햇살반이 도움반이었다. 특수교육은 유치원 때부터 의무교육에 포함되기 때문에 장애 등록 여부와 상관없이 발달 지연을 보이는 아이들은 교육청에서 검사를 받고 배치를 받을 수 있었다. 하나하나 알아가는 제도들은 낯설었지만, 앞으로 꼭 필요한 정보가 되었다. 특수교육으로의 진입은 어렵게만 느껴졌다.

팬데믹 생활에서 '마스크'는 가장 큰 난관이었다. 정원이는 '쓰는 법'부터 배워야 했다. 센터를 오가며 아이의 발달을 따라잡으려 했다. 유치원은 확진자가 발생할 때마다 1~2주씩 문을 닫았다. 익숙해질 만하면 쉬게 되어 다시 적응하기를 되풀이하면서 유치원의 첫해가 지났다. 모든 상황은 너무 가변적이었다. 마스크로 얼굴을 가린 채 같은 처지의 엄마들과 정보를 나눴다. 1년을 들여 '마스크 쓰는 법'을 익히고서야, 이듬해 버스를 탈 수 있었다.

전 세계를 휩쓴 팬데믹은 모두에게 공평한 어려움이었다. 모두가 마스크를 썼고 만남은 제한되었다. 한창 말을 배워야 할 아이들은 대부분 말을 더디게 했다. 단순 언어 지연의 아이들이 폭발적으로 늘어났다. 코로나 이후의 언어재활 치료는 '그 아이들'이 휩쓸고 지나갔다. 적절한 언어 자극이 있으면 금세 말이 트였다. 우리도 그럴 수 있을까. 그러나 모두가 지나간 자리에는 다시 '처음 만났던' 엄마들만 남아 있었다. 마스크를 벗은 낯선 얼굴을 마주하며 씁쓸히 웃었다. 입학 전에 따라잡을 수 있기를, 그 작은 가능성에 기대를 걸었는데 말이야.

2022년 5월. 유치원에서의 마지막 봄이었다. 정원이는 일곱 살이었다. 햇살반 교사도 한 번 바뀌었고, 나는 '특수교육'이라는 낯선 용어에 익숙해졌다. 그 무렵 아이를 유치원에 안전하게 맡길 수 있다는 것만으로도 고마웠다. 2년간 코로나19로 열리지 않던 참관수업이 처음으로 열렸다. 난 정원이의 생활을 볼 수 있었다. 열매반의 참관수업 주제는 음악이었다. 음악을 좋아했던 아이는 친구들 틈에 나란히 둥글게 앉아 있었고 가끔 내 무릎에 와서 앉기도 했다. 특수실무사의 도움으로 수업을 해낼 수 있었다. 옆에서 도움을 받는다면 초등학교도 통합교육이 가능하지 않을까란 생각이 들었다. 수업이 끝나자 긴장으로 굳었던 몸은 풀렸고 난 정원이를 꼭 안아주었다. 수고했어, 아가.

햇살반 참관수업은 통합반과 다른 날 따로 진행되었다. 햇살반 엄마들은 모두 참석했다. 일곱 살 셋. 여섯 살 둘, 모두 남자아이들이었다. 그중 장애 등록을 한 것은 다섯 살 때부터 같이 다녔던 D였다. D는 청각장애를 갖고 있다. 와우 수술 이후로 예후가 좋아 3년간 훌쩍 자라 있었다.

교실 곳곳에는 아이들의 만들기와 활동 흔적이 남아 있었다. 정원이의 작품도 한쪽에 있었다. 교실은 편안한 분위기였고 엄마들의 얼굴도 밝았다. 도움반 교사는 언어로 요구하는 M과 A 사이에서 바빴다. 정원이와 같은 나이였던 H는 자꾸 교실 밖으로 나가고 또 다른 동생은 의자가 아닌 엄마 무릎에 앉고 싶어했다. 특수교육실무사는 둘을 쫓아다니느라 바빴다. 정원이는 그 사이에 오도카니 앉아 있었다. 특수학교에 가게 된다면 저런 모습이지 않을까.

참관수업 끝나고 햇살반 일곱 살 엄마 셋이 모였다. H의 엄마는 잎새반(또 다른 통합반)의 참관수업에 불참했다며 씁쓸히 웃었다. 보통 아이들 사이에 있는 아이의 모습을 바라볼 자신이 없다고 덧붙였다. 같은 반이었던 D의 엄마는 옆에서 잎새반은 쓰기 수업을 해서 D도 힘들어했다면서 괜찮다고 잘했다고 다독였다.

2022년 12월, M유치원 졸업식. 아이들이 무대에 올라 장래 희망을 발표했다. 슬라이드 화면에 아이들의 사진과 꿈이 적혀 있었다.

"저는 과학자가 되고 싶어요."

"저는 축구선수요!"

"가수요!"

"선생님이요."

정원이 차례가 왔다. 도움반 Y교사가 아이 옆에 섰다. "정원이는 기쁨을 주는 사람이 되고 싶습니다"라며 대신 읽어주었다. 기쁨을 주는 사람. 다른 아이들처럼 구체적인 직업명이 아니었다. 하지만 정원이 그 자체였고 나에게 기쁨이었다. 많은 사람 앞에서 잘 앉아 있는 것만으로도 대견했다. 다 같이 졸업식 노래를 부르는 시간이 왔다. 정원이는 졸업식 가운을 입고 의자를 돌려 객석의 엄마를 보며 빙그레 웃었다. 어린이집 크리스마스 때처럼 정원이는 여느 아이와 달랐다. 그러나 귀를 막지 않았고, 웅크리지 않았으며 웃고 있었다. 정원이 옆에는 선생님이 옆에 있었고, 친구들이 함께 있었고, 아빠와 엄마는 객석에서 지켜보고 있었다. 아이는 3년 전과 같았지만 또 달랐다. 아이는 혼자가 아니었다.

“여보, 정원이가 많이 컸네. 저렇게 잘 앉아 있고.”

“그러게. 아빠가 와서 정원이도 좋은가 봐. 봐봐. 회사 조퇴하고 와줘서 고마워!”

우리는 남과 다른 모습에 슬퍼하지 않았다. 이제 성장한 정원이의 모습에 기뻐할 수 있게 되었다.

‘이 바닥의 7세 고시가 있다면 이 순간이겠지.’

산꼭대기라 생각했던 일곱 살에 이르렀다. 출발점에서 상상했던 것과는 달랐다. 아이는 장애 등록도 했고 여전히 발화가 어려웠다. 일곱 살은 끝이 아니라 또 다른 시작이었다. 나이를 먹을수록 아이가 이해받을 수 있는 공간은 익숙한 동네에서도 점점 좁아졌다. 매일 가던 공원과 놀이터의 시선도 점점 낯설어졌다. 걸음을 멈추고 아래를 내려다보았다. 발밑의 흙을 바라본 것이 언제인지 기억이 나지 않았다. 계속 하늘만 바라보았다. 뿌리를 내리지 못한 채 꼭대기에 오를 생각만 했었다.

아이들은 모두 꽃이었다. 정원이는 나의 유일한 꽃이었다. 그런데 뿌리를 내리지 못한 꽃은 어디에서 필지 아직도 잘 몰랐다. 하지만 선택해야 했다. J초등학교에서도 잘 해내기를 기도했다.

자폐 스펙트럼,
꽃들에게
희망을

정원이가 태어나고 자란 동네는 오래된 나무가 울창한 아파트 단지였다. 한여름에도 그늘이 어디든 있어서 사계절 내내 단지 안을 산책할 수 있었다. 꾸불꾸불 미로같이 이어진 곳곳에 숨은 놀이터에 언제 해가 잘 들고 어디가 시원한지도 다 아는 그런 익숙한 곳. 곳곳에 개나리꽃이 피었고 놀이터 옆에는 커다란 벚나무와 목련나무가 있었다. 차를 타지 않아도 아이와 손잡고 걸으면서 꽃구경을 할 수 있는 도시의 숲마을이다.

"정원아! 엄마랑 점심 먹자."

2023년 4월의 봄. 우리는 태풍의 눈처럼 고요한 시간을 보내고 있었다. 정원이의 맨발 아래는 흙과 간밤에 내린 비에 이르게 떨어진 벚꽃이 어지럽게 무늬를 이루고 있다. 이곳에서 정원이와 나는 단풍잎 위를 뒹굴었다. 눈이 잔뜩 내린 겨울에는 눈썰매를 끌고 다녔고, 비가 내린 날은 길가에 고인 물을 첨벙거리면서 놀았다. 구석구석 아이와의 시간이 가득한 곳이었다.

지금 정원이는 모래 놀이터 미끄럼틀 터널에 들어가 웅크리는 봄을 보내고 있었다. 그리고 우리는 J초등학교에 한 달 간 등교하지 않았다.

J초등학교 : 짧았던 봄

2022년 7월, 비가 많이도 쏟아지는 장마철이었다. 쏴아아아아. 나무 사이로 떨어지는 빗소리가 맹렬했다. 초등학교 특수교육대상자 배치 신청서는 입학하기 전 8월부터 쓰기 시작한다. 단지 내 J유치원에는 특수학급이 없었다. 정원이는 3년 동안 가장 가까운 M유치원을 차로 등하원했다. 좁은 상가 골목을 차로 통과해 등원을 시키고 나면 돌아갈 엄두가 안 나 근처에서 시간을 보냈다, 늘 시간에 쫓겨서 조금이나마 가까운 곳에서 학교를 다니길 바랐다. 유치원 옆 초등학교 대신 걸어서 다닐 수 있는 곳을 선택했다. 책가방을 메고 아이와 걸어서 등교하는 삶이 소원이기도 했다. J초등학교 도움반에 전화해 H교사와 상담 약속을 잡았다. 눈으로 직접 보면 결정할 수 있을 것 같았다.

상담을 마치고 나니 하늘은 한낮인데도 캄캄했다. 아이는 낯선 도움반 교실에서 오도카니 서 있었다. 정원이를 물끄러미 바라보다 내년 입학이 가능한지 걱정스러웠다.

"선생님, 저희 아이가 정말 초등학교 생활을 할 수 있을까요?"

"어머님, 걱정 마세요. 아무리 중증이어도 모든 아이는 입학할 권리가 있습니다."

낭랑하고도 자신감 있는 목소리에 기대어 마음이 놓였다.

'괜찮을 거야. 남은 반년 동안 열심히 키워야지.'

2023년 1월, M유치원 졸업 후 학교를 다시 찾았다.

"선생님, 앞으로 도움이 될 거 같아서 챙겨 왔어요."

"고마워요, 어머님!"

정원이의 수면 패턴, 식사 습관, 감각 특성을 정리한 기록지였다. H교사는 서류는 열어보지 않은 채 내려놓았다. 일말의 불안이 스쳤지만, 애써 마음을 눌렀다. 서늘한 바람이 귓가에 윙 울렸다. 3월 입학식. 바람은 차디찼다.

"대체물인 핸드크림은 돌려드릴게요."

3월 첫째 주 하교 시간. 정원이는 2학년 도움반 형들의 규칙이 깨지면 안 된다는 이유로 입학하자마자 반듯이 앉아 있어야 했다. 손에 쥘 수 있는 것이라도 있으면 나을 거 같아 책가방에 간단한 메모와 함께 풍선, 핸드크림 등의 조물거릴 수 있는 대체물을 넣었다. 결국 아이는 놀거리가 없어, 맨손에 침을 뱉어 문지르기 시작했다. 입학하고 생긴 버릇이니 대체물로 필요하지 않냐는 물음에 H교사는 '이런 애들은 때가 되면' 만진다며 일축했다.

"어머님, 정원이 같은 경우에는 부모 사후에는 평생 누군가 도와줘야 해요. 지금부터 익숙해지도록 활동지원사를 쓰세요."

3월 둘째 주 하교 시간이었다. 지원사의 필요성에 관한 이야기를 들었다. '부모가 죽으면'이란 말은 여덟 살 정원이와 함께 들었다.

낭랑했던 그 목소리는 귓가에 매달려 지금도 재생되곤 한다.

"교장실에 다녀온 사이 아이가 5분 뒤에 운동장에 혼자 누워 있었어요."

3월 셋째 주의 하교 시간이었다. H교사는 아이가 돌발이 있다고 했다. 5분 뒤라고요? 자세한 말은 없었다. 다음 날 등교하는 정원이에게 갖고 있던 미아 방지 목걸이를 걸어주었다. 앞면에는 '발달장애아동 정원이, 2016년 X년 X일생.'이라 적혀 있고, 뒷면에는 엄마와 아빠의 연락처가 적혀 있는 목걸이였다.

J초등학교의 출입문은 늘 열려 있었고 3면이 차가 항상 다니는 도로로 둘러싸여 있었다. 불안했다. 하교 시간보다 조금 일찍 학교를 찾았다. 잠긴 도움반 출입문 너머로 아이를 보았다. 아이는 풀리지 않는 책가방을 멘 채 시멘트 바닥에 앉아 울고 있었다. 그 옆에서 H교사는 구석의 데스크탑을 보며, 스마트폰으로 통화하고 있었다. 바쁘셨던 거겠지? 학기 초니까.

"정원이는 두 번째 주부터 2주 동안 한 시간 정도는 혼자 갔습니다. 적응기간에는 누구나 다 그렇게 해요. 실무사는 1/n로 배치되기 때문에 어쩔 수 없어요."

"어머님, 여자 친구들의 머리카락을 만진다고 민원이 그동안 많았어요. 정원이와 유치원 때부터 아는 남자 친구 옆으로 자리를 옮겼습니다."

입학하고 3주, 개별화 회의가 되어서야 도움반 H교사와 담임 W교사에게 그간의 생활에 대한 설명을 들었다. 2주간 정원이를 1:1 지원을 할 수 없었으며 그래서 통제할 수 없어 문제가 발생했다고 했다. 그리고 그것이 활동지원사가 필요한 이유였다. 그동안 정원이는 매일 한 시간씩 아무런 지원을 받지 못한 채 혼자 통합반 교실에 있었다. 착석도 어려운 정원이는 친구들의 손을 잡거나 교실 밖을 나가기도 했단다. 그동안 아무것도 듣지 못했다.

이미 정원이의 불안은 높아져서 협조도 어려운 상황이었다. 자꾸 도망가려고만 했다. 안아주려면 할퀴려 했다. 이유를 몰랐었다.

아이가 좋아하는 공원을 갔지만 귀를 막고 공처럼 몸을 말고 웅크렸다. 서늘한 마음에 겁이 나 병원을 찾았다. 주치의는 '불안'이란 소견서를 써주었다. 3일 정도 쉬고 나면 괜찮지 않을까.

"어머님! 이 아이는 아주 폭력적이에요!"

3월의 마지막 주 하교였다. 3일 결석 후 첫 등교한 날 점심이었다. H교사는 나에게 소리치고 있었다. 나와 정원이는 그녀를 멍하니 바라보았다. 그녀의 손끝은 정원이를 향해 있었다. 더 이상 낭랑했던 목소리는 없었다. 꽃샘추위처럼 매서웠다. 그리고 그날이 우리와 H교사와의 마지막이었다.

4월의 첫 월요일 새벽. 주말 내내 잠을 이루지 못했던 나는 교육청에 민원을 냈다. 그리고 학교를 보내지 않았다. H교사의 전화는 받지 않았다. 민원의 내용은 길었지만 분명했다.

'이러한 사유로 학교에서 어려움을 겪고 있습니다. 전학을 희망합니다.'

입학 후 들었던 내용, 발생했던 일, 교사와의 대화 내용, 병원 소견서 등을 정리하고 파일로 첨부했다. 다음 날 장학사에게 전화가 왔다. 학교에서는 아이를 미처 몰라서 발생한 일이라고 했다. 교장

면담이 몇 차례 이어졌다. 민원에 요구하는 것은 단 하나였다. 전학 처리 과정은 교감 선생님이 도와주기로 했다. 나는 사과도 징계도 원하지 않았다. 도움반 선생님이 갑자기 없어지면 가장 힘든 것은 어른들이 아니었다. 이제까지 선생님과 함께 생활한 도움반 2학년 아이들이 제일 곤란해진다는 것을 잘 알고 있었다.

2023년 4월. 한 달 동안 정원이는 학교에 가지 않았다. 전학 절차가 끝나길 기다리며 아파트 숲에서 길고 조용한 봄을 보냈다. 놀이터에서 노는 아이를 보며 등나무 벤치 아래에 앉았다. 하얀 꽃 너머 하늘이 눈부셨다. 물기 어린 연둣빛 나뭇잎이 햇살에 반짝였다.

"어머님, 전학 절차가 완료되었어요. 5월 첫째 주에 S초등학교로 등교하시면 돼요."

4월의 마지막 날 정원이와 나는 같은 반 친구들에게 마지막 인사를 했다. J초등학교 교장 선생님이 나와 정원이를 배웅했다. 교장 선생님은 정원이가 모쪼록 잘 지내길 바란다며 인사를 전했다. 나는 교장 선생님에게 학교에 잘 적응할 수 있도록 전화 한 통만 부탁드린다고 했다. 그게 내가 원하는 전부였다.

아이는 집으로 가는 길에 코피를 많이 흘렸다. 붉게 물든 눈물처럼 멈추지 않고 계속 흘렀다. 아이와 나의 옷을 빨갛게 물들인 코피는 아무리 닦아도 지워지지 않았다.

S초등학교 : 뿌리내린 2년

어디로 가야 할까. 정원이가 갈 수 있는 특수학교는 여전히 멀었다. 통합학급의 경험을 3주 만에 '이런 식'으로 끝내기 싫었다. 다시 '특수학급'을 선택했다. 지금 사는 곳과 가까운 학교부터 찾아보자. 10여 군데 전화한 끝에 인원수가 적은 소규모 학교를 찾았다. 손이 더 가면 아이도 괜찮을 것 같았다.

2023년 5월. S초등학교로 우리는 전학했다.

"어머님, 기다렸어요. 정원아, 안녕?"

선생님은 정원이 눈높이로 몸을 낮췄다. 아이는 학교를 믿지 않았다. 울고 웅크렸다. 달래려는 선생님의 어깨를 정원이는 물었다.

"선생님, 괜찮으세요? 죄송해요. 죄송해요!"

"아, 아픈 것은 괜찮습니다. 정원이의 약물을 조정해야겠어요. 혹시 주치의와 상담은 가능할까요?"

그날 바로 병원에 갔다. 어린이집 시절부터 상황을 다 알았던 주치의는 빠르게 예약을 잡아주었다.

"트라우마가 있을 때 반응은 웅크리고 버티는 것이나 무는 것이나 원인은 같습니다. 차이는 상대가 호랑이냐 아니냐죠. 약을 조정하고 적응하는 동안은 등교 시간을 단축해야 합니다."

"네. 감사합니다, 선생님."

"아, 그런데 어머님도 지금 치료가 필요해요. 아이에게만 트라우마가 있는 것은 아닙니다."

슬픔 속에 감춰둔 비명이 주치의에게는 들렸나 보다. 감사했다. 언제 이 비명이 소리를 입고 튀어 나올지 모를 정도로 심장은 거칠게 뛰고 있었으니까.

"어머님 말씀대로 아이가 천천히 등교 시간을 늘리는 게 나을 것 같네요. 두 시간부터 해보죠."

"문이요? 문을 어떻게 잠가요. 정원이가 나가면 따라가야죠."

"어머님, 드디어 정원이가 버티지 않고 교실로 올라갔어요."

"선생님, 고생하셨어요. 감사합니다."

전학 후 3주. 정원이는 안정을 찾았다. 급히 잡혔던 행동중재(PBS)의 신청 서류에 올랐던 행동들은 킥오프 회의를 하기도 전에 모두 사라졌다. 그 이후, 정원이는 점심시간에 친구들과 급식실까지 줄을 서서 이동하게 됐다. 1학년 봄부터 2학년 겨울까지. 2학년 때는 현장 체험학습으로 아쿠아리움에도 갔다. 사진 속 정원이는 수족관 앞에서 친구들과 나란히 앉아 활짝 웃고 있었다. 늘 좋은 날만 있던 것은 아니었다. 그러나 모두가 애썼고 그만큼 아이는 안정되었다. 정원이는 S초등학교에서 자신만의 리듬을 천천히 찾아갔다. 나는 1층의 정원을 만났고 천천히 사는 법을 배울 수 있었다. 드디어 아이와 나는 각자의 세계를 꾸려갈 수 있었다.

'정원이 어머님'의 무게

2025년, 정원이는 3학년이 되었다. 익숙해진 만큼 K교사와 나는 안심했다. 하지만 학교생활은 쉽지 않았다. 올해부터 S초등학교에는 특수교육 실무사가 없어 활동지원사가 정원이를 지원하고 있었다. 그런 날에는 활동지원사가 점심 먹을 시간이 없어 내가 교대를 해서 일부 시간을 메꾸었다. 가정지원을 위한 활동지원사 제도가 거꾸로 된 느낌이었지만 괜찮았다. 틈은 내가 메꾸면 되었다.

"어머님, 이렇게 아이가 버티면 오늘은 쉬는 게 어떨까요."

"어머님, 정원이의 생존수영 참여는 어렵겠어요."

"어머님, 3반의 인원이 적어서 교통 봉사는 한 학기에 두 번씩 해주셔야 해요."

"어머님, 정원이가 자원봉사 선생님의 손등을 긁었어요! 어떻게 할까요?"

정원이는 다시 배가 아팠다. 학교 가는 것을 힘들어했고, 가기 싫어 버텼고, 가까스로 다시 안정을 찾는 시간이 반복됐다. 애써 아이의 컨디션을 조절했다. 정원이가 힘들어하면 결석했다. 아슬아슬한 평화가 계속되었다. 몇 차례의 결석 끝에 아이는 안정을 찾았다.

"선생님, 정원이가 배가 아프지 않고 잘 등교해서 참 다행이에요."

"어머님, 그런데 자꾸 소변 실수를 해요."

"선생님, 소변 실수가 다시 줄어들어서 안심이 돼요."

"어머님, 그런데 통합반에서 정원이가 자꾸 큰 소리를 내서 곤란해요."

2년 전의 대화와는 어느새 달라져 있었다. 우리는 과연 '뿌리내린 것'일까. 1학기 결석이 30일이 넘어갈 무렵이었다. 어느 날 아침 아이와 함께 등교하려고 하면 마음부터 내려앉는 나를 알아차렸다. 여름방학 전 마지막 2주는 정원이 아빠가 아이를 등교시켰다. 나에게는 더 이상 애쓸 힘이 남아 있지 않았다. 고민 끝에 특수학교로 전학하기로 마음먹었다. 두 번째 전학이었다.

"정원아, 한 번 더 전학할 수 있겠니? 준비됐니?"

울다 잠든 아이의 젖은 머리칼을 쓰다듬었다. 특수학교까지 가는 길은 멀게만 느껴졌다, 가까운 곳을 찾아 헤매었지만, 자리가 없었다. 아이가 갈 수 있는 곳을 찾았고, 절차를 알아보았다. 가보지 못한 길에 대한 두려움은 여전했다. 2년 전만큼 절박한 상황이 아닌데, 무모한 결정을 내린 것은 아닐까. 또 실패하면 어쩌지? 또 이사하기에는 부담스러웠다. 멀리 여행하듯 아이를 태우고 지내는 삶을 다시 감당할 수 있을까.

"이제 전학 가자, 여보."

"고마워요."

전학에 대한 가족의 결정을 알렸을 때, K교사는 '정원이가 이제야 잘 적응했는데 아쉽다'며 전화가 왔다.

"저도 아쉬워요. 선생님, 저는 정원이가 부적응하거나 큰 문제행동으로 버틸 만큼 버티다가, 학교에서 도저히 있을 수 없어 도망치듯 특수학교로 가는 모습을 원하지 않아요. 아이에게 '실패'나 '도피'가 아닌, '긍정적인 선택'이란 것을 알려주고 싶어요. 2년 동안 많이 애써주셔서 감사해요."

2025년 여름, 정원이는 E특수학교로 옮겼다. 전학 2일차, 언어치료 시간에 치료사는 학교에 대한 첫인상을 마이토키로 물었다.

"어제 첫날 어떤 기분이었어?" [낯설어]

"오늘은 어떤 기분이었어?" [궁금해]

"나중에는 어떨 것 같아?" [재밌어]

E특수학교에서도 정원이에게는 맑은 날이 있고 흐린 날이 있었다. 낯선 곳에서 정원이는 익숙한 행동을 했다. 침을 문지르기 시작했다. 한번 생긴 습관은 잘 없어지지 않았다. 담임 교사와 핸드크림으로 학교와 가정에서 같이 대체해주기로 상의했다. 열흘 만에 사라졌다. 한달 뒤 언어치료사는 다시 정원이의 학교생활에 관한 이야기를 나누었다. 이번에는 질문에 대한 답의 정도를 1에서 10까지의 숫자로 눌러서 표현하는 것이었다.

"선생님은 어때??" [7]

"친구들은 어때?" [6]

"공부는 어때?" [5]

"엄마랑 차 오래 타는 것은 괜찮아?" [10]

E특수학교는 본가에서 30분 거리에 있었다. 나는 아직 적응 중이

라 본가에서 다녀서 힘들 정원이를 걱정하고 있었다. 그러나 아이는 그 시간을 가장 좋아한다고 답했다. '엄마랑' 함께한다면 등교하는 길도 여행처럼 즐거웠나 보다.

여전히 모든 해답을 알지 못했다. 그러나 믿음은 마음 한구석에 여전히 있었다. 이 모든 것을 겪고 나서도 희미한 낙관의 빛을 마음 속에 품고 있다. 너무 애쓰지 말라며 내려놓으란 이야기도 들었다. 나는 정원이가 유리그릇처럼 대우받길 바라지 않았다. 자신의 자리에 찾아 뿌리내리길 바랄 뿐이었다.

우리는 1층의 정원에 살고 있다. 젖은 풀냄새는 코끝에 닿고 발밑의 부드러운 흙은 가까이 있다. 아이에게 가까운 거리란 400미터 앞의 학교가 아니었다. 성장을 위한 아픔을 감내하는 것은 정원이의 몫이었다. 나의 몫은 앞을 향해 정원이와 함께 천천히 가는 것이었다. 가끔 하늘을 바라본다. 하늘 아래 햇살에 반짝이는 나뭇잎도 지켜본다. 씨앗을 심는 마음으로.

침엽수,
겨울 정원에
뿌리를 내리다

1층 정원에도 겨울이 왔다. 정원사도 고된 노동을 멈추고 봄을 꿈꾸며 기다림과 휴식을 갖는 계절이었다. 따스한 실내에서 겨울나무가 뿜어내는 시원한 피톤치드 향을 맡았다. 겨울은 내가 고요히 침묵의 계절을 즐기는 시기였다. 매일 잡초를 뽑고 자르던 일손을 멈추고 겨울을 나는 식물들을 지켜보았다. 유리창 안의 식물들의 월동만 소소히 돌보면 되니 수월했다. 겨우내 땅은 그들이 품은 씨앗을 돌보고 품어냈다. 씨앗은 땅속에서 웅크리고 봄을 맞이할 준비를 했다.

겨울은 정원사에게 쉬기만 하는 계절은 아니었다. 정원을 다시 가꾸기 위한 기회를 주는 때이기도 했다. 겨울의 나무를 고르자면 단연 침엽수였다. 나는 일 년 내내 푸른 가지를 지닌 침엽수를 가장 좋아했다. 며칠 새 내린 눈을 맞은 나무들은 하얀 열매를 단 듯 아름다웠다. 눈 내린 겨울의 정원은 정원사에게 일종의 선물이었다.

1층 야외 정원으로 온 뒤 가장 먼저 한 일은 오랜 반려식물 중 침

엽수들을 화분에서 땅으로 옮겨 심은 일이었다. 애초에 땅에서 자랄 나무들이 화분에서 자라는 동안은 성장이 수월치 않았다. 화분이 아닌 곳에서 뿌리를 내리면 얼마나 클지, 얼마나 풍성해질지 궁금했다. 그래서 경계 없는 정원의 입구, 가장 눈에 잘 띄는 곳에 심었다.

집안에서도 집 밖에서도 제일 눈에 띄는 곳에 정원사가 아끼는 두 그루의 나무가 있다. 바로 설퓨레아와 블루아이스. 다른 침엽수들은 작은 모종으로 데려왔지만, 키가 1미터 가까이 된 제법 큰 나무로 들인 두 침엽수는 땅에 심으니 열심히 뿌리를 내렸고, 날이 더해진 만큼 자랐다. 제법 굵어진 줄기와 풍성해진 가지 끝이 본래의 매력이 묻어났다. 연한 청록이 멋스러운 블루아이스와 레몬빛 새순이 매력적인 설퓨레아는 들여올 당시만 해도 나름 비싸고 귀한 몸이었다.

둘은 거의 10년을 함께한 나에게 오랜 친구 같은 존재였다. 블루아이스는 2016년 1월 내가 졸업논문이 최종 통과되었을 때, 설퓨레아는 같은 해 10월 정원이가 태어났을 때 기념으로 들였기 때문에 더 특별했다. 베란다 정원 창가 옆 좁은 화분 안에서 둘은 천천히 자랐다. 그 안에서도 새순도 돋고 가지도 늘고 키가 컸다.

처음 블루아이스가 집에 오던 날, 가지가 앙상하고 가늘어서 실망을 금치 못했던 블루아이스는 늘 베란다 정원의 문을 겨울에도 열어둔 덕에 꿋꿋하게 살아 있었다. 베란다 정원이었어도 꼬박꼬박 물시중을 들며 정성껏 키운 만큼 인연을 이어갔다.

전셋집에서 고층 아파트 그리고 1층 정원까지 10년간 내 곁을 지키며 함께 세월을 나눴다. 나무들은 내가 정원이를 낳고 그 아이가 소년으로 자라는 모습도 고스란히 지켜보았다. 어찌할 수 없는 운명에 삶이 묶여 마음이 힘든 날이 많았다. 그럴 때마다 침엽수의 그늘에 기대어, 그 부들부들한 가지를 만지며 눈을 꼭 감았다. 슬픔이 얼어붙어 하얗게 서리가 되어 눈가에 말라붙을 때까지 차가운 타일 바닥에 앉아 있었다. 눈을 감고 지구 반대편 저 멀리 핀란드의 타이가 숲 – 북방의 침엽수림 – 위의 광활한 자유로움을 상상했다. 나무들은 보았다. 홀로 슬퍼하는 서늘한 아픔을 알았다. 묵묵히 솔향을 뿜으며 나를 안아주었다. 반려식물이란 이런 것일까.

여린 묘목에서 반려식물이 되고, 다시 땅으로

침엽수는 참으로 오묘했다. 사시사철 푸르다지만 키워본 자만이 알 수 있는 계절마다 달라지는 아름다움이 있다. 다른 나무들이 낙엽을 떨구고 앙상한 가지를 드러낼 때 침엽수는 그들이 가진 화려한 색감을 뽐냈다. 겨울을 맞이하면 초록이었던 잎이 좀 더 창백해지면서 서늘한 겨울의 아름다움을 드러냈다. 침엽수를 키우다 보면 그 푸름이 좋았다. 차가운 겨울을 견디는 선명한 흔적이 아름다웠으니까. 지난 10년간 침엽수를 여럿 들였다. '라인골드(*Thuja occidentalis 'Rheingold'*)'와 '로즈다리스(*Thuja orientalis 'Rosedalis'*)', '블루바드' 삼나무는 겨울이 되면 제각기 붉은 구릿빛, 희미한 보랏빛, 그리고 어두운 청동빛으로 바뀌었다. 짙은 회색을 섞은 듯한 낮은 채

도의 빛은 겨울의 서늘한 온도를 닮았다. '코니카 가문비(*Piceaglaucavar albertiana 'Conica'*)'와 '은청 가문비(*Picea pungens*)'의 새순은 아주 옅은 속살 같은 흰빛이었다. 직접 키우지 않았으면 가문비나무의 새순이 이렇게 희고 여리고 곱다는 사실을 몰랐을 것이다. '문그로우'와 '스카이로켓(*Juniperus scopulorum 'Skyrocket'*)'은 겨울이 되면 스스로 서리를 껴입은 것처럼 더 창백해지고 초록도 흐릿해졌다. 각기 달랐던 상록수의 변주는 겨울이 되면 더 다채로워졌다. 나의 슬픔도 추위를 견디는 힘도 그만큼 깊어졌다.

그 많은 침엽수 중에서 베란다 정원에서 몇 번의 겨울을 함께 보내고 함께 이사온 침엽수 나무는 전부 일곱 그루뿐이었다. 울타리 삼아 땅에 심었다. 강한 생명의 힘으로 뿌리를 내려 슬픔을 감싸안길 바랐다. 이 나무들이 조금 더 자라면 자연스럽게 울타리로 클 거란 희망과 함께 심었다.

그중 설퓨레아와 블루아이스는 거실에 앉아서도 볼 수 있는 곳에 심었다. 설퓨레아는 새순이 나는 봄에 특히 예뻤다. 햇빛을 머금은 듯한 황금빛 연두가 아름다웠다. 겨울에는 조금 엄숙한 노란빛 연두지만 그래도 가장 봄을 닮은 빛은 여전했다. 블루아이스의 겨울은 희끄무레한 청록이었지만 봄은 좀 더 물기 어린 옅은 초록이었다. 계절마다 느끼고 만질 수 있는 오묘하고 미묘한 변화는 키우는 사람만이 누릴 수 있는 기쁨이었다. 그래서 늘 바라볼 수 있는 자리에 심었다.

"나도 널 바라볼게, 너도 나를 바라봐주렴."

너의 자리에 두는 것이 옳은 거 같아

욕심 같아서는 이 나무들을 화분에 둔 채 매일 베란다에서 향을 맡고 싶었다. 나무들이 날 위로해주는 것을 알고 있었다. 힘든 겨울이 올 때마다 의지하고 싶으니까. 혹여 또 이사 가더라도 함께하고 싶었다. 하지만 정원을 어떻게 가꿀지 결정하기도 전에 땅에 먼저 심었다. 지난 2년간 나무들은 단단해지고 풍성해졌다. 잘못된 가지치기로 비뚤어졌던 블루아이스의 가지도 곧게 자라고 있었다. 그 모습을 보며 땅에 심기로 한 선택이 옳았음을 배웠다.

2025년 여름, 정원이는 E특수학교로 전학했다. 작은 집을 마련해 거처를 옮기고 지금의 집과 오가며 지내고 있다. 다른 도시에 자리한 E특수학교는 한참 차를 타고 가야 했다. 거실에 앉아 침엽수와 서로를 바라보는 '나만의 위로의 시간'은 줄어들었다. 깊이 뿌리를 내린 나무들이 아이와 함께 가지 못하게 된다면, 나는 지난 선택을 후회할지도 모르겠다.

두 번의 이사는 모두 아이의 전학과 함께였다. 정원이에게 맞는 자리를 찾는 과정이었다. 3학년이 된 정원이에게는 특수학교가 더 맞는 자리였다. 나무들에게는 1층 정원 집의 이곳이 자신의 자리였다. 그래도 가늘고 연약하기만 하던 나무들이 땅의 힘으로 더 풍성해지고 단단해진 것을 보며 깨달았다. 계속 망설였던 선택을 이제야 했다. 정원이와 관련한 선택은 미리 그 결과를 가늠할 수 없었다. 더 좋은 환경을 주고 싶었다. 그러나 '더 좋은 자리'란 아이의 변화에 맞는 자리였다. 환경의 변화를 아이가 따라가지 못할 때도 있다. 노력한다 해서 성장이 빨라지는 것은 아니다. 정원이도 특수학교에서 더 튼튼하고 아름답게 뿌리내리기를 소망했다.

때로는 '있어야 할 자리'에 놓아두는 것이 용기라는 걸 잊어버리고 있었다. 겨울의 나무들은 땅 위에 뿌리를 내렸으니, 정원이는 학교에서 좀 더 편안히 웃음꽃을 피우면 됐다. 누구에게나 그때그때 맞는 자리가 있었으니까. 언젠가 정원사의 눈물을 지켜봤던 나무들은 자신의 자리에서 더 아름답고 풍성하게 자랄 것이다. 아이의 웃음꽃이 내 마음에 녹아들었다. 작고 연약했던 두 그루의 나무는 점점 크게 자라서, 기대어 쉴 수 있는 나무가 될 것이다. 그렇게 각자의 자리에서 애쓰다 보면, 언젠가 내가 심은 나무들이 미래의 정원이가 쉴 그늘도 될 수 있을 것이다. 나는 봄을 기다리며, 나의 자리를 지키고 있다. 고요히 뿌리내리는 정원사로 살아가고 있다.

꽃샘추위여도,
봄은
내 곁에

엄마! 봄이에요.

꼬마 가드너의 뒤통수는 말하고 있었다. 봄이라고, 콧바람에서 느껴지는 따스한 공기가 봄을 말하고 있다고, 그리고 나가자고 웃었다. 말하지 않아도 들리는 것 같은 아이의 마음. 조금만 더 지나면 봄이 올 거야. 창밖의 하늘은 겨울도 아닌, 늦겨울과 초봄의 사이에 있었다. 바깥으로 나가기조차 버거운 코끝이 시린 날씨. 새로운 나날에 기다림이 조금 지겹기도 했다. 낮조차 어둡게 느껴지는 터널처럼 느껴졌다. 햇살조차 하얗게 부서지는 희멀건 하늘을 보고 있노라면, 희망은 옅어졌다. 봄이 오기는 올까.

정원이는 나가고 싶어 했지만 난 내키지 않았다. 나가기에는 조금 두려웠다. 또 아플까 봐. 아직 상처는 낫지 않았다. 우리는 아직 아팠다.

나는 아직 웅크리고 있었다.

미안해, 아가. 엄마는 아직 나갈 수 없어.

봄이 오면 모든 게 좋아질 거야.

아직 나는 야외 정원이 어려웠다. 변화무쌍한 날씨에 식물을 어떻게 키워야 하는지 몇 해는 더 겪어봐야 익숙해질 것이다. 경험을 자신이 무엇을 가꿀 수 있는지 알게 해주었다. 봄, 여름, 가을, 겨울을 두세 바퀴는 더 돌아야 변화에 당황하지 않을 텐데, 나는 아직 서툴렀다.

겨울의 베란다 정원까지 욕심을 낸다는 것은 미안한 짓이야. 욕심이지! 그래, 지난 8년간 고층 온실에서 사시사철 푸른 정원을 코앞에서 즐기는 사치를 누렸으니 괜찮아. 아쉽지만 여기서 그만. 계획은 빈자리로 남겨두기로 했다.

처음 가는 길은 한동안 멀고 복잡하게 느껴졌다. 한동안은 잃어버린 것만 생각했다. 어디로 가야 할지, 어떻게 살아야 할지 막막했다. 가보지 않은 길이 두려웠다. 뭘 해야 할지 모를 때는 결국 주저앉고 말았다. 용기 내서 두드리기보다는 옛 시절을 그리워하는 게 쉬웠다. 통합학교에서의 생활은 많은 것을 가능하게 했고, 또 많은 것을 제한했다. 모든 일에는 앞면과 뒷면이 있었다.

힘들게 버텼지만 끝내 정리하지 못했던 기억들도 마음에 넣어두었다. 그렇게 북쪽 베란다는 냉장고나 다름없는 차가운 온도에 잡동사니로 가득했다. 내 머릿속은 여러 생각의 길이 실타래처럼 엉켜 늘 뒤죽박죽이었다.

지난날 묵었던 감정을 정리하는 시간은 봄을 맞이하기 위한 준비였다. 웅크린 새싹은 연둣빛이었다. 지난날의 날선 바람은 조금씩 무뎌졌다. 베어낸 가지의 끝은 아물고 있었다. 마른풀을 모아 담고 죽은 가지를 잘라냈다. 꽃샘추위의 끝물이라도 장갑을 낀 손은 멈추지 않았다. 낯선 환경에서의 생존법은 고단했다. 비를 맞고 흙을 밟으며 가시에 찔렸다. 그러나 상처 입더라도 장갑을 끼고 덜어내고 남기는 방법도 배워야만 했다.

나는 아이의 손을 잡았다. 봄은 기다림이 아니라 손끝의 다정함에서 왔다. 내일을 꿈꿀 수 있다면, 아무리 춥더라도 어디서든 '초록초록'할 수 있었다.

봄은 정말 달랐다. 어느 순간 마음은 봄을 알리고 있었다. 아팠던 겨울이 끝나고 마음에도 빛이 들었다. 빛은 먼저 내 손에 닿았고 내 걸음에 닿았다.

아, 겨울이 드디어 지나는구나. 나는 그 이후로 겨울이 아닌 늦겨울과 초봄의 사이, 마디의 계절을 지나고 있었다. 차가운 겨울바람처럼 외로운 시절은 지났다. 추위는 내가 만든 것이었다. 얼어붙은 겨울을 핑계로 꼼짝 안고 숨었었다.

눈부신 햇살이 느껴졌다. 공기는 봄빛으로 물들었다. 가만히 쪼그리고 앉아 정원을 살폈다. 겨우내 눈들이 스며들어 땅속에 생명을 틔우고 있었다. 하얀 솜털을 가진 향소국 싹이 보였다. 찔레의 새 잎은 투명한 와인빛이었다.

나는 내가 가졌던 모든 영광을 잃어버린 줄 알았다. 다가올 미래가 두려워 애써 생각하지 않았다. 오늘의 행복을 계속 붙잡으면 좋은 길이 이어질 줄로만 알았다. 정원이의 미래도 막연하게 그렇게 되리라 믿었다.

이제 정원이의 훗날에 대한 청사진을 그리고 있다. 미래에 도달하려 애쓰던 지난 시절과는 달랐다. 꼭 이루려고 애쓰지 않아도 그 방향으로 가는 것이 중요했다. 길을 잃고 헤매지 않도록.

봄은 작은 대화와 소소한 행복. 하루를 살아낼 수 있게 하는 희망이었다. 봄은 이미 내 곁에 있었다. 외롭고 차갑고, 힘들었던 겨울을 함께 견뎌낸 정원이가 봄 그 자체였다.

추위에 옅어졌던 희망은 새로운 시작에 대한 설렘으로 채워진다. 새로운 시작, 새로운 관계, 그리고 새로운 식물들은 저마다의 그리움을 담고 다시 올 것이다. 아니, 만나러 갈 것이다. 봄이니까.

창문을 조금 열었다. 아무리 영하의 날씨여도, 바람의 끝은 둥글었다.

아, 정원아, 봄이 왔어.

6장

경계 없는 산책, 길모퉁이의 정원

2025. 1 영

꼬마 가드너,
너의 우주에
닿고 싶어

경력단절 엄마의 네 번째 학번

"정원아, 같이 가자!"

나는 손을 내밀어 아이에게 말하고 속으로 다섯을 셌다. 엄마의 목소리를 듣고 움직이는 시간을 기다렸다. 스스로 움직일 기회를 주는 것. 가기 싫어 주저앉았던 아이는 귀를 막았던 손을 내리고 몸을 일으켰다. 내민 손에 작은 손이 얹어졌다. 톡.

지난 7년간 매일 발달센터를 시간에 맞춰 뱅글뱅글 도는 삶은 기절할 듯 바쁘고 피곤했다. 이 상태에 머물 수 없다는 생각이 절실했다. 맹목적인 헌신과 이뤄질 수 없는 노력은 '나'를 서서히 지워나가고 있었으니까. 그 자리엔 회색빛의 우울감이 차올랐다. 아이의 성패가 곧 나의 성패로 느껴져, 끊임없는 노력으로 그 무게를 덜어보려 했다.

새로운 돌파구가 필요했다. 다시 일을 할까. 박사학위가 있지만 정원이 뒷바라지하느라 경력은 오랫동안 단절됐다.

"두 돌까지 키우다가 어린이집 보내야지. 그때 다시 구직하면 되겠지."

운명은 예상대로 흘러가지 않았다. 정원이의 발달은 아주 오랫동안 돌과 두 돌 사이에 머물러 있었다. 누구도 미리 알려주지 않았다. '설마 따라잡겠지?' 하며 기다렸다. 시간은 흐르고 운명은 '수용'의 시간을 차례차례 고지했다. 내가 원했는지, 받아들일 수 있을지 누구도 묻지 않았다. 그렇게 '발달 지연'에서 '발달장애', 그리고 '자폐성 장애 등록'까지의 순간은 차례대로 왔다. 정원이가 느리다는 사실을 얼마나 빨리 발견했든, 얼마나 노력을 했든 – 그건 중요하지 않았다. 모두를 괴롭히는 결과였다. 장애는 성공이나 실패가 아닌데, 난 끊임없이 실패하는 기분이었다. 엄마로서 자신이 낳은 아이가 장애가 있다는 아픔은 쉽사리 덜어지지 않는다. 이러면 안 돼. 위기감에 공부를 시작했다.

정원이가 초등학교에 입학하면서 나도 사이버대학교에 편입했다. 아이와의 삶에 도움이 될까 싶어 발달재활 관련 전공을 선택했다. '행동재활'과 '심리운동'. 아이의 몸짓과 마음을 알고, 행동을 이해하고 싶었다. 뭐라도 해야 할 것 같은 불안한 마음에 '나만의 동아줄'을 찾고 싶었다.

사이버대학교에서 시작한 공부는 정원이의 행동과 마음을 이해하고 함께 할 수 있는 방법을 가르쳐주었다. 책 속에서 길을 찾고 배움을 얻었다. 정원이와 한 몸처럼 지내다 떨어져 있는 시간을 만든다는 것은 생각보다 어려웠다. 마음 한구석에는 '내 시간을 보내도 될까?'라는 죄책감이 늘 따라붙었다. 정원이와 나를 질기게 연결하던 정신적 탯줄을 잘라내는 시간은 고통스러웠다. 전학과 이사를 거치며 휴학하고 싶었지만 결국 포기하지 않았다. 2025년 봄 마지막 학기에는 가능할까 싶었던 실습까지 해냈다.

'아, 무슨 부귀영화를 누리려고 이리 공부하누, 하아.'

아이가 잠들고 나서야 조용히 투덜대며 노트북을 꺼냈다. 마지막 기말고사 성적 확인 기간이다. 와! 처음으로 올 A인 이번 학기 성적표가 조금 뿌듯했다.

공부를 하면서 얻은 것은 오히려 비우고 기다리는 시간이었다. 나는 아이에게서 한 걸음 물러나 기다릴 줄 알게 되었고, 정원이는 엄마가 공부하는 시간을 받아들였다. 기다리는 동안 정원이와 나는 찬찬히 서로 바라볼 수 있었다.

'공부'는 나의 세계를 여는 문이었다.

우리는 종종 숲이나 공원을 갔다. 조용한 곳에서는 아이도 편안해서, 낯설게만 느껴지는 소통도 더 할 수 있었다. 배웠던 이론들은 맞잡은 손에서 자연스럽게 익혔다. 공원 벤치에 앉아서 긴장을 덜어내고 아무 말 없이 평안한 시간을 보냈다. '정원아' 하고 부르며 '사랑해 하트'를 만들면 아이도 따라 했다. '따라 하는 손짓'이 이렇게 감동적이란 걸 나는 정원이가 아홉 살이 되어서야 알았다. 나무 사이로 비치는 햇살이 반짝인다. 하트를 만든 작은 손이 눈부셨다.

둥지로 돌아오기 위해 날아가는 엄마 새처럼, 스스로를 위한 비행을 시작했다. 집에 돌아오면 정원이의 눈을 더 오래 마주하고 더 깊이 안아줄 수 있게 되었다.

재활, 수많은 만남과 헤어짐의 반복

정원이는 만 24개월에 언어치료부터 시작했다. 항상 주간 시간표를 정리하고 재활 내용을 연도별 표로 만들어뒀다. 최초 진료 기록부터 어떤 재활을 언제부터 언제까지 했는지 주기적으로 업데이트했다. 발달센터는 여러 곳을 다녔지만, 각 치료사가 한자리에 모여 아이의 발달을 상의할 순 없었다. 스스로 교사와 치료사, 지원사를 연결하는 허브라고 생각했다. 센터 간의 동선과 아이의 리듬을 고려해 시간표를 짰다. 나의 하루는 정원이를 중심으로 한 쉴 틈 없는 릴레이였다. 식물들은 건강하게 잘 자랐지만, 너무 바빠 그 반짝임을 볼 틈이 없었다. 시들어가는 식물에 영양제를 꽂아 어떻게든 살리려고 애쓰듯, 모든 것을 잘 돌보기 위해 잠을 줄였다. 하나하나의 이별이 무섭고 또 무거워 정작 나를 돌보지는 못했다.

시간이 흘러도 나는 변함없이, 정원이가 이번 주에 무엇을 얼마나 배우고 있는지 전했고 특이 사항도 알렸다. 매번 열 명 가까운 사람에게 같은 이야기를 반복하는 일은 쉽지 않았다. 아무리 오래 기다리거나 인기 있는 수업이라도 내가 생각한 전체 흐름과 어긋나면 포기했다. 못 나가게 하거나, 행동을 과도하게 강제하거나, 문을 잠그거나, 자신의 수업을 위해 다른 수업을 포기하라는 경우까지 있었다.

꽃을 억지로 피울 수 없었다. 무리를 하는 순간 어디선가 탈이 났다. 정원이와 함께하는 여정은 온통 미로 같았다. 그 길에서 아이의 현재를 고려하고, 찾고, 선택하는 일은 나의 몫이었다. 다행히도 정원이는 좋은 인연으로 켜켜이 믿음을 쌓아 오늘에 이르렀다. 정말 감사한 일이었다. 베란다에 가득했던 식물들도 어느새 많이 줄었다. 숨 쉴 틈 없이 무리해서 모든 것을 직접 돌보는 것이 꼭 좋은 것만은 아니었다. 반짝이는 순간을 지켜볼 수 있을 정도만 키우기로 했다.

실습, 또 다른 별에서 정원이를 발견하다

2025년 봄, 발달재활 자격 관련 실습을 시작했다. 같은 장애를 가진, 열다섯, 열여섯 살의 또 다른 '정원이 형들'도 만났다. 아이들 안에서 미래의 정원이를 보았다. 오롯이 우리 둘만 있을 줄 알았던 우주에서 새로운 소행성들을 발견한 기분이었다. 정원이를 더 이해할 수 있었다.

'정원아! 엄마랑 공부했던 또 다른 '형들'도 조금 자랐단다. 아마 널 열심히 지켜본 덕분에 다른 친구들의 마음도 알 수 있나 봐!'

누군가의 성장을 도울 수 있다는 것은 특별한 경험이었다. 비로소 살아 있는 순간을 맞이했다. 누군가에게 필요로 하고 도움이 된다는 '생(生)의 의지이자 의미'였다.

"정원아! 기다려줘!"

실습을 마치고 돌아온 날에는 정원이와 좀 더 밀도 있는 시간을 보냈다. 아이와의 저녁은 산책으로 이어졌다. 미처 주의를 기울이지 않은 사이에 정원이는 조금 더 자랐다. 키도 크고 걸음도 빨라졌다. 엄마보다 훨씬 앞서 달려 나가는 아이의 등을 보며 따라잡을 수 없는 성장의 힘을 느꼈다. 엄마 목소리를 들은 정원이가 걸음을 멈춰 돌아보았다. 개구진 미소. 놀이터에 가고 싶다는 눈빛이 반짝였다. 어느새 이렇게 컸지. 정원이는 자라고 있었다. 친구들과 다른 속도지만 멈춰 있지 않았다.

그동안 내가 만든 일정에 쫓겨 숨이 가쁜 나머지, 정작 아이를 지켜보지 못했다. 하루하루 생존하느라 바빠서 정원이의 웃음과 눈물, 즐거움과 어려움을 놓친 것만 같았다. 정원의 성장은 느리게 이어졌다. 가끔 아이는 자라는데 나만 제자리에서 지난 시간에 머물렀다는 후회가 들기도 했다. 공부를 '미리 했더라면' 정원이를 더 잘 가르칠 수 있었을지도 모른다는 생각이 스치면 마음을 다잡았다. 나는 부끄럽지 않을 만큼 최선을 다했다.

정원에서는 또 달랐다. 아이와 정원을 가꿀 때, 우리는 하나의 시간 안에 있었다. 내가 작은 호미를 건네면 정원이는 땅을 팠다. 그 자리에 천 원짜리 씨앗을 뿌렸다. 내가 물뿌리개에 물을 받아오면 아이는 흙에 물을 뿌렸다. 전정가위로 시든 가지를 자를 때는 아이는 옆에서 풀잎을 뜯었다. 정원에서는 아이도 날 열심히 지켜보았다. 우리는 함께 정원을 가꾸고 있었다. 뽑은 풀을 모으니 정리가 끝났다. 정원이는 놀이터 가자며 내 손을 잡아끌었다. 우리는 놀이터 옆 수돗가에서 손을 닦았다. 아이와 함께 배운 이 '비행'이 있어

우린 더 이상 외롭지 않았다.

정원아, 그네 밀어줄까.
나는 아이에게 손을 다시 내밀었다.
하나, 둘, 셋, 넷 – 탁.
흙 묻은 손이 상처투성이 손 위에 포개졌다.
나는 그 손을 꼭 잡았다. 언제나 그랬듯이.

아, 드디어 너의 우주에 닿았구나.

상상력이
선물한
일상의 릴레이

귀를 막는 정원이
웅크리고 버티는 정원이
깔깔 웃음을 멈추지 않는 정원이
욕조에서 잠수하는 정원이
쿵쿵 발을 구르는 정원이
빙글빙글 도는 정원이
맨발의 정원이
나의 아들

정원이가 무엇을 원하는지 잘 몰랐을 때, 아이의 마음을 늘 상상했다. 상상은 마음 읽어주기와 닿아 있으면서도 달랐다. 미세한 표정, 행동하기 전의 주변 상황, 행동하고 난 후의 사람들의 반응, 그리고 몸짓에 숨어 있는 힌트 조각을 이어 맞춰보았다. 고심 끝에 '아마 그래서였을 거야'라고 가설을 세우는 일이었으니까. 그날그날의 수수께끼를 매번 풀었다. 수수께끼는 어려울 때도 있고 쉬울 때도 있다.

"가자."

"정원아, 이리 와."

"바지 – 손 – 머리 쏙! 자, 앉자. 양말 올려. 쏙. 옳지!"

"잘했어, 우리 정원이. 최고!"

"따뜻하다. 햇빛 나네. 어, 차 지나간다. 조심해. 기다려."

"정원아, 바람이 많이 분다. 엄마 손 꼭 잡아."

"사람 안 부딪히게 이쪽으로. 자, 발 반듯하게."

"여긴 서점이네. 우리 소곤소곤하자."

"빨간불이라 차가 서 있어. 답답해? 창문 조금 내려줄까? 열만 세면 곧 초록불로 바뀔 거야."

"이제 곧 버스가 설 거야. 정류장이야. 기다리자."

"잠시만, 엄마 기다려줘!"

"정원이 왔어요 – 오늘 애썼어."

"수고했어. 엄마는 정원이 사랑해."

"오늘 밥 맛있었어? 1반 친구들 봤어?"

"밥 먹을래? 미역국이랑 고기 해줄게."

"응가 마려워? 목욕하고 싶어? 소금 줄까?"

"엉덩이 똑바로! 예쁘게 앉아볼까?"

아이와 밖에 나서면 나는 수다쟁이가 되었다. 주변의 상황을 알기 쉽게 미리 설명하고, 마음을 읽어준다. 그때그때 상황에 따라 아이의 선택을 물었고, 간단한 지시도 조심스럽게 그러나 일관된 톤으로 말을 건넸다. 어떤 날은 너무 종일 말해서 입이 말랐고 목은 아팠다. 늘 정원이의 마음까지 함께 혼잣말처럼 자문자답하다 보면 아이의 마음이 곧 내 마음처럼 느껴지는 때가 있었다.

저녁을 먹고 나서 정원이와 산책했다. 맞잡은 손 사이로 바람이 지나갔다. 늦여름 저녁의 바람은 포근한 느낌. 곧 가을이 올 것처럼 시원함도 품고 있었다. 때 이른 낙엽 하나가 흩날리듯 빙글 돌다 우리 앞에 툭 내려앉았다. 나는 바닥에 떨어진 이파리를 손가락으로 가리키며 아이에게 말을 걸었다.

"정원아! 이거 봐. 나뭇잎이야."

이 단순한 말을 전하는 것도 쉽지 않았다. 정원이에게 일상의 대부분은 '새로운 배움'이다. 자연스럽게 터득하는 것이 매우 어려웠다. 그래서 무엇보다 같이 주의를 기울여 '바라보는 일'이 중요했다. 주의를 기울여야 따라 할 수 있다.

그 시절 아이의 주의는 회전목마 안에 있는 것처럼 주변의 사물에 오래 머물지 않고 금방 스치고 지나갔다. 눈맞춤은 좋았지만 '함께' 보는 것이 어려웠다. 그때마다 정원이의 회로에는 '모방의 나사'가 느슨하게 끼워진 것 같다는 농담을 종종 했다. 수십, 수백, 때론 수천 번 반복해 겨우 입력되는 배움의 나사. 아이가 나를 보는데도 '같은 곳'을 보지 못한다는 사실을 깨닫는 일은 당황스러웠다.

지금은 바라봄 하나, 모방 하나에도 열렬하게 응원하며 박수 쳤다. 그 작은 성공에 대한 기쁨이 정원이의 마음속에서 '하고 싶다'라는 씨앗이 되었다. 덕분에 눈을 쫓아 바라보고, 몸을 따라 움직였다. '사랑해 하트'는 그렇게 한 땀 한 땀 쌓아 올려 만들어졌다.

정원이는 실행이 어려웠다. 예를 들어 "정원아, 주세요!"라고 말하면 기다려야 했다. 손에 쥐고 있는 것을 상대에게 주는 시간은 빠르면 '하나, 둘', 느리면 '다섯'까지 세어야 했다. 마음을 먹어도 몸이 움직이지 않을 때도 많았다. 이때 필요한 것은 엄마가 힌트를 주는 것이다. 말이나 손짓으로 힌트를 주거나, 손으로 움직임을 도왔다. 익숙해지면 도움을 점차 줄였고, 스스로 할 수 있는 일은 늘어갔다. 아주 조금씩. 이렇게 혼자 해내는 감각은 곧 아이 안의 선택지를 늘리는 일이었다.

정원이의 눈높이와 키는 또래와 비슷했다. 생활연령이란 몸의 자람이라 얼핏 보면 구분하기 힘들었다. 그러나 몸이 커도 행동은 발달연령을 따라갔다. 발달 단계에 맞는 쉬운 활동이면서도 또래와 섞여 있어도 어색하지 않은 활동을 상상했다. 조금씩 스스로 하는 활동을 늘리면서 정원이도 자신감이 생겼다. 이러한 과정에서 무엇보다 중요한 건 '하고 싶다'는 마음 — 동기부여였다.

한때 나는 상상력을 '최적화 맞춤'에만 쏟았다. 미리 필요한 것을 준비해주고, 울 일도 떼쓸 일도 없게 했다. 그러다 보니 오히려 성장은 한 지점에서 머물게 되었다. 모든 일이 엄마 손으로 이루어지면 아이는 편했지만, 이내 무료해졌다.

정원이는 먹고 자고 일어나고 씻고, 다시 목욕하고 — 그 모든 루틴을 하나하나 배우는 과정을 거쳐 몸에 익혔다. 엄마도 아이도 세상 밖으로 나와 손을 잡는 법을 배워야 했다.

느린 시계는 더디게 흘렀다. 정원이는 가족 외에 교사, 치료사 등 익숙한 사람과 함께 지내는 법을 배워야 했다. 이것은 아이에게도 엄마에게도 큰 도전이자, 출발점이었다.

엄마 없는 낯선 시간을 아이는 잘 보내고 올까?

보이지 않는 순간 혹시라도 돌봄이 미숙해 다치지 않을까?

증언할 수 없으니 학대라도 당하지는 않을까?

수많은 나쁜 뉴스가 온갖 상상을 부추겼다. 나는 불안했다. 그러나 내가 평생 아이의 옆을 지켜주는 손이 될 수는 없었다. 불안해하면서 정원이의 모든 것을 대신 해줄 수도 없었다. 학대를 예방하기 위해 세심히 관찰하는 마음을 유지하면서도, 또 믿는 것도 중요했다. 결국 모든 일은 사람이 하는 일이었다.

이제 정원이의 하루는 나만의 몫이 아니었다. 특수교사, 실무원, 활동지원사, 언어재활사, 인지 재활사, 특수체육 치료사, 재활수영 교사, 정원이 외할머니, 개별화 회의에 참여하는 정원이 아빠까지 – 여럿의 손이 이어 붙이는 릴레이였다. 이제 엄마인 내 상상력은 이 릴레이가 매끄럽게 흐르도록 쓰였다. 나는 아이에 대해 이야기했고, 또 들었다,

"정원이 귀를 막으면, 소리가 크거나 듣기가 버거워서예요. 그 감각을 즐기는 때도 있어요."

"웅크려 버티면 지친 거예요. 힘으로 밀지 말고 잠깐만 기다려주세요. 버티는 시간은 점점 짧아져요."

"깔깔 웃음이 멈추지 않을 땐 천장 조명이 강할 때가 많아요. 안전한 곳에서 잠시 숨 고르면 괜찮아요."

"욕조에서 오래 잠수하면 스트레스 신호일 수 있어요. 집에서 쉬면 금세 돌아와요."

"쿵쿵 구르거나 꼬집으면 발바닥을 살살 두드리거나 손깍지를 껴주면 진정돼요. 그런 행동을 보이면 제게도 알려주세요."

"빙글빙글 도는 건 요즘 덜하지만, '어지럽다'고 말해주면 금방 멈춰요. 가끔 음악을 들으면 춤추듯이 해요. 주의를 다른 데로 돌려주세요."

"맨발을 좋아해요. 발에 열이 많아서예요. 꼭 필요할 때만 양말 신겨도 괜찮아요."

엄마의 손은 식물에 물을 주고 돌보고 안아준다.

아빠의 손은 먹기 좋게 생선 가시를 발라준다.

특수교사의 손은 같은 반 교실의 규칙을 짚어준다.

특수실무원의 손은 복도 끝에서 천천히 다섯을 센다.

활동지원사의 손은 정원이 손을 씻기며 삶의 리듬을 만든다.

언어재활사의 손은 카드를 넘겨, 아이의 소리를 깊이 듣는다.

인지재활사의 손은 연필을 쥐고 이름의 첫 획을 열어준다.

특수체육 선생님의 손은 페달을 누르는 타이밍을 몸짓으로 가르친다.

재활수영 선생님의 손은 물살을 가르며 앞으로 나아가는 용기를 보여준다.

외할머니의 손은 배를 톡톡 두드리는 '말꽃'을 기다린다.

우리는 서로의 이야기 속에서 일상을 잇고 있었다. 각자의 자리에서 신뢰의 바통을 넘겼다. 정원이는 누구와 손을 잡든, 맨발에 흙을 묻히기도 하고 물장난을 실컷 하다가 온통 젖기도 했다. 나는 이러한 릴레이의 여백을 채우는 빈칸이 됐다. 때로는 이 릴레이의 바통을 떨어뜨리기도 하니 대비했다. 또 릴레이의 주자가 바뀌면, 정원이를 처음 만나는 사람은 또 시간을 들여 아이를 알아가야 했다. 그럴 때는 빈틈이 생겼고, 나는 백업하는 선수가 되었다.

엄마와 24시간 붙어 있을 땐 아기 같던 정원이도, 이어지는 릴레이 안에서 다른 사람의 손을 잡을 때는 의젓해졌다. 이제 내가 모르는 아이의 시간은 점점 늘어갔다. 모든 것을 내 손으로 할 때는 불안하지 않았다 .정원이가 만나는 세상이 넓어질수록 나의 세계도 조금씩 자유로워졌다.

정원이와 나는 이제 둘만의 지도를 그리지 않았다. 직접 경험한 세상의 지도는 점점 넓어졌다. 한 발, 한 발. 정원이의 눈에 들어오고 만난 세계를 그렸다. 더 많이 보여주고 더 많이 함께하는 과정 자체에서 즐겁고 행복한 것이 필요했다. 정원이가 스스로 세상의 다채로움을 기꺼이 다가갈 수 있는 마음을 갖길 소망했다.

나는 정원이가 세상을 볼 때, 함께 벤치에 앉아 있을 것이다. 언제나처럼 나뭇가지 끝 잎사귀를, 오늘 햇살과 바람을, 다정한 목소리로 설명해줄 것이다. 일어나 학교에 가고, 밥을 먹고, 센터에서 배우고, 산책하고, 잠드는 하루 끝까지 – 그 하루가 의미 있게 이어지도록.

하나, 둘, 셋, 넷, 다섯.

아이의 세계를 믿어 주는 것. 그것이 나의 용기였다.

엄마는 외계인이 되었어

변방의 언어 안에서 살아가는 방법

정원이별에서 엄마는 외계인이 되었지

아이와 지내다 보면 말을 하지 않아도 무슨 말인지 알아들을 때가 많았다. 눈썹의 자그마한 찡그림 안에서 나는 아이의 감정을 읽어냈다. 수많은 시행착오 끝에 얻어낸 마음의 기술이었다. 어떻게든 아이의 마음을 알고 싶은 간절함이 통했던 걸지도 몰랐다. 나는 정원이와 소통하고 싶어서 눈을 부릅뜨고 바라본 탓인지, 조그만 변화에도 엄마는 많은 이야기를 읽어낼 수 있었다. 마치 정원이별[星]에서 정원이어(語)를 쓰는 기분이었다. 하지만 우리가 살아가는 곳은 '보통의 지구'였다. 지구에서는 단둘이 살 수는 없었다.

'일반 세상'으로 나가는 문을 열고 똑똑, 아이의 손을 잡고 나아가면 나는 정원이만의 '통역사'가 됐다. 콩콩 뛸 때는 '기분이 좋아요'라는 뜻이었다. 정원이가 각성이 높아져서 소리를 지르면, "쉿, 소곤소곤해야지"라고 말했다. 정말 착하게도 아이는 그럴 때 고사리 같은 손으로 입을 가리고 목소리의 볼륨을 줄였다. 그리고 씩 웃었다.

그래서 아이와 외출할 때마다 한 걸음 더 빨리 귓가에 소곤거렸다. 미리 알려주면 정원이의 '돌발'이 줄어들기 때문이었다. 조금이라도 더 많이 우리를 둘러싼 상황에 대한 이해를 '배경음악처럼' 일러줬다. 이제는 좀 익숙해진 마당에서 정원이는 돌길을 걷고, 나는 다섯 걸음의 거리를 유지하며 삐죽 솟은 잡초를 정리하고 있었다. 아이의 기분이 좋아서 콩콩 뛰었다. 오늘 저녁도 좋구나 싶어 마음이 놓일 무렵, 갑자기 순식간에 도로로 뛰어나갔다.

"정원아!"

이 동네가 차가 드문 단독주택 옆길이라 다행이었다. 바로 쫓아 달렸다. '아이가 물에 빠진 것처럼' 애타게 불렀다. 조용한 거리에 내 목소리가 울려 퍼졌다. 상가가 드물고 우리가 사는 아파트 건너는 단독주택이라 차가 드문 동네였다. 한 번의 성공은 다른 위험으로 이어졌다. 방심하면 금물이었다. 정원이가 맑은 미소를 지으며 뒤돌아보며 손짓했다.

괜찮아요, 엄마, 같이 운동장으로 놀러 가요.

익숙한 곳이 늘어갈수록 아이의 활동 범위는 넓어졌다. 가장 안심할 수 있는 순간에도 갑작스러운 '흔들림'은 늘 생겼다. 돌발은 아이가 가진 장애의 특징이었다. 손을 놓아도, 안전함을 확보할 수 있는 환경을 만들고 또 찾았다. 그래야 조금씩 저만의 즐거움과 기억을 쌓을 수 있었다.

"정원아! 기다려줘, 엄마랑 같이 가야지. 여기 사람 다니는 길로 가자!"

아이가 놀랐는지, 슬그머니 옆으로 와서 손을 잡는다. 나는 목소리를 가라앉히고 설명을 덧붙인다. 잡초를 긁던 갈퀴랑 제초가위는 그대로 마당에 둔 채 아이와 길을 걷는다. 봄바람이 살랑, 코끝을 간질인다. 우리의 뒤로 노을빛이 따라오고 크고 작은 그림자가 길게 앞선다.

우리가 보통의 지구에서 살아가기 위해선

정원이와 나는 세상에 살아가는 방법을 직접 하나하나 겪으면서 터득하고 있다. 대답 없는 대화를 계속하는 이유는 그때그때 맞는 상황을 알려주기 위해서였다. 최근에는 고갯짓으로 정원이의 대답을 기다렸다. 시간을 두고 느린 숨으로 기다리면 아이는 천천히 답을 내놓았다.

고갯짓과 손짓으로 답하는 말은 주로 [예], [아니오], [나].

편의점에 가서 먹고 싶은 과자를 골라 내밀었다.

"정원아, 이거 먹고 싶어?"

아이는 고개를 끄덕였다. 아이와 함께계산대에 갔다. 이제 작은 손으로 과자를 쥐고, 먹을 수 있는 곳까지 들고 갈 수 있었다.

너무나도 당연한 것들 하나하나가 쉽지 않은 세상에 우리는 살고 있었다. 아이를 낳기 전, 당연히도 '앞면'의 삶을 사는 줄 알았기에, 뒷면의 삶을 눈여겨보지 않았다. 수월하게 여겼던 일상은 아이에겐 배워야 하는 과제가 됐다. 좋아하는 과자와 주스를 들고 벤치에 앉아 나눠 먹었다. 주스를 빨대에 꽂아 먹는 아이의 입가가 미소가 걸렸다. 나는 아주아주 밝게 칭찬했다.

"잘했어! 이제 혼자 잘 마신다! 우리 정원이 훌륭해!"

이 순간은 앞면일까, 뒷면일까.

일기예보에 따라 비 오는 날에는 정원에 물을 주지 않았다. 35도 이상의 무더운 한여름이면 새벽이나 저녁에 정원에 물을 줬다. 환경에 따라 물 주는 날은 각기 달랐다. 아이는 세심한 관찰이 필요한 어린나무 같았다. 환경에 따라 다르고, 그날의 컨디션에 따라 다르기도 했다. 물론 나의 경험이 정답은 아니었다. 어떤 날은 기분이 좋고, 어떤 날은 경계가 심해 경직되어 있다. 기록은 중요했다. 아이의 이야기는 이 기록을 통해 쌓였다.

우리는 각자의 소행성에 있는 엄마들입니다

이러한 나의 이야기는 가끔 주변 지인과 공감할 수 없을 때가 많았다. 그래서 정원이를 알거나 비슷한 상황의 아이를 키우는 엄마와 대화를 나누었다. 그러나 엄마들은 제각기 다른 어려움을 가진 아이를 키우고 있었다. 산을 보면, 하나의 초록으로 이루어져 있지 않다. 초록은 아주 진한 청록의 소나무부터 은빛으로 반짝이는 자작나무까지 다양한 색으로 이루어져 있다. 아이도 엄마도 스펙트럼은 넓고 깊었다. 같은 장애를 가졌다 해서 살아온 길이 같은 것은 아니었다. 서로 공감하는 듯하다가도 각자가 당면한 현실의 부대낌에 예민해지는 것은 어쩔 수 없었다. 상처 받기도 했고 상처를 주기도 했다.

엄마들은 아이의 이름으로 된 소행성에 살고 있었다. 나는 정원이별에서 살고 있다. 각자의 별에서 사는 엄마들의 모습은 서로 달랐다. 그들의 아이처럼. 지나온 시간이 달랐다. 모두가 똑같은 세상은 없었다. 우리는 소행성만큼 거리를 두고 안부를 나누고 정보를 교환하며 응원을 전하고 있다.

엄마는 어느 별에 살아야 할까요

수많은 아이 이야기를 들었다. 그들의 뭉클한 이야기엔 공감했지만, 경험은 결국 내 유년에 머물렀다. 여느 사춘기 아이 혹은 정원이 또래의 아이를 키우는 이야기를 들으면 요즘 아이들에 대해 아는 게 별로 없다는 걸 깨달았다. 나도 외계인이 된 기분이었다. 센터에서 누군가 재활 수업이 어디가 좋은지, 의사소통은 어떻게 시작하는지, 어떤 바우처를 어떻게 쓰는지 묻는다면 줄줄이 대답할 수 있었다.

나는 여전히 정원이별에서 살고 있었다. '보통의 사회'에서 듣는 이야기들이 더 이상 나의 '결핍'을 자극하지 않았다. 실습에서 정원이 또래의 아이들을 만났다. 세심하게 '정원이'를 돌보고 가꿨던 경험은 내 손끝에 남아 있었다. 아이들이 제일 먼저 알았다.

"정원사 선생님!"

나는 아이들의 별에 방문해 그 별의 주인을 세심히 바라보고 기록했다. 그러면 그가 사는 별의 규칙을 알 수 있었다. 그리고 엄마들을 만났다. 각기 다른 장애를 가졌지만 아이를 위해 엄마들은 배우고 있었다. 각자의 자리에서 조금씩 더 애쓰고 있었다. 긴 말을 하지 않았지만 각자 걸어왔던 길은 비슷했다. 언젠가 소행성 사이의 구름다리가 만들어질 날을 기대했다.

"열심히 하시네요!"

"힘들죠, 뭐. 그래도 이렇게 나와서 무엇인가 배우는 것이 좋아요."

정원이 엄마인 내가 어느 별에서 살아야 할지 잘 모를 때가 많았다. 지금은 손을 놓을 용기를 갖고 정원이를 믿었다. 이제 정원이와 함께 '정원이별'에서 우주비행선을 타려고 한다. 목적지는 알 수 없다. 이웃의 소행성일 수도 있고, 또 다른 별의 주인과 함께 여행을 떠날지도 모르겠다. '보통'은 특별하지 않았다. 나와 정원이가 사는 하루의 모습이었다. 저마다 아름다움을 가진 보통의 꽃이 모여 커다란 꽃밭을 이루고 있었다. 보통의 지구는 여전히 우리의 고향이었다.

내 마음의
잡초
뽑기

"빨리빨리! 정원아, 서두르자!"

아침은 늘 분주하다. 서두르자고 입으로는 아이를 재촉하며, 손으로는 가방을 챙긴다. 때로는 편지를 쓰는 시간마저 사치로 느껴진다. 티셔츠 끄트머리를 잡는 작은 손이 느껴져 부지런히 움직이던 손을 멈추고 말간 얼굴을 바라본다. 정원이와의 하루는 서두른다고 일찍 도착하는 법이 없다. 아이의 목소리를 주의 깊게 '보아야' 하니까. 아주 살짝 끄덕이는 고갯짓, 눈꼬리에 달린 장난기, 손으로 가슴을 톡톡 두드리며 표현하는 '나'. 이 몸짓도 하나하나 천천히 피워낸 아이만의 '말꽃'이다. 세심하게 살피면 무슨 뜻인지 알 수 있지만, 미루어 짐작해 알아서 해주진 않는다. 조금이라도 아이가 스스로 꽃을 피우길 기다린다. 째깍째깍, 시간은 지금만큼은 느리게 흐른다. 설핏 보면 멈춘 것처럼 착각할 만큼.

정원이를 있는 그대로 받아들이고 속도에 맞추는 걸음은 언제나 필요하다. 후, 하고 잠시 심호흡을 하고 서둘렀던 마음을 내려둔다.

눈과 귀는 간절한 기대를 담고 기다리며 응원한다. '자, 너의 이야길 들려줘! 엄마는 준비됐단다'라는 마음을 담아 방긋 웃는다. '톡톡' 아이가 배를 두드린다. 아, 배고프구나. 그래, 조금 늦어도 되니 아침 먹고 갈까. 잘했어! 부드러운 머리칼을 쓰다듬으며 칭찬한다. 생각을 표현하고 소통하는 것은 고맙고 기특한 일이니까.

이 고요한 호흡은 인생의 속도를 0.5배로 늦추는 '천천히 가기' 버튼을 누른 것과 같다. 1.5배속의 삶을 칭찬하는 사회에 살아온 엄마는 당황스럽다. 빠르게 달려온 불안하고 조급한 지난날을 돌아본다. 높은 가지의 꽃을 그리워만 하다 변덕스러운 날씨에 피는 순간은 채 담지 못한다. 어느덧 정원은 겨울의 외투를 벗고 고운 초록 옷을 입는다. 무심히 살다 보니 봄이 온 것도 몰랐네. 구름처럼 몽글몽글한 연보랏빛 백리향 꽃 무더기 사이로 삐죽이 나온 연둣빛 잡초가 신경 쓰인다. 찬찬히 들여다보면서 정원의 잡초를 거둔다. 마른풀을 걷어내고, 잡초를 뽑고, 시든 가지를 잘라내는 일은 10분이면 되니까. 아이의 몸짓에 있는 힘껏 귀를 기울인다면, 아이의 발걸음에 폭을 맞추는 일은 어렵지 않다. 정원이의 손을 잡고 나지막이 기다린다. 조금만 기다리면 다시 일어나 스스로 걷는다. 느리고 깊게 흐르는 강물처럼, '우리의 이야기'도 반짝인다. 너무 작아 때로는 아무것도 아닌 것처럼 보이는 찰나의 멜로디를 읊조리며.

이상은 늘 높고, 현실은 그렇지 않다. 간극 위에서 마음의 잡초는 자란다. 너무 크게 자란 잡초는 그늘을 드리운다. 틈을 메우려고 도달할 수 없는 하늘만 보다가는 정원에 빛이 들지 않으니까. 닫혀버린 타인의 경계를 애써 두드릴 필요 없다. 기다리면 된다. 마음의 문을 슬며시 열어두고 기다리는 여백이야말로 오래갈 수 있다. 힘들 때마다 정원을 찾는다. 잡초를 뽑으며 마음의 묵은 찌꺼기도 뽑아낸다. 이해하려 애쓰지 않는다. 그저 뽑아내고 비워내고 놓아둔다. 말끔해진 정원을 보면서 기쁘게 웃는다.

"사람 사이도 말이야 가지치기 같아. 나뭇가지를 예쁘게 다듬으면 본래 가지도 잘 뻗어나고 모양도 한결 나아진다니까. 혼자 다 끌어안고 살다가는 벌레가 들끓을지도 몰라. 맞아, 모든 관계는 상호

적인 거지. 나뭇가지도 적당히 바람이 드나들어야 아프지 않거든."

툭. 요 며칠간 무성히 자라났던 심란한 마음, 불편한 마음, 그리고 지친 마음을 잘라낸다. 잘라낸 자리에 바람이 든다. 잡초를 조금만 뽑아도 풍경은 달라진다. 고요하고 아름다운 정원은 달갑지 않은 모기와 뜨거운 햇살을 견뎌야 만들어진다. 푸른 물빛이 번지는 새벽, 황금빛 노을이 비추는 저녁에 주로 잡초를 뽑는다. 풀냄새로 아침을 열고, 코끝에 닿은 흙냄새로 하루를 닫는다. 온전히 손의 힘으로 만든 눈앞의 아름다운 결과물이 기쁘다. '고마워'. 별것 아닌 돌봄에도 예뻐지는 정원을 보며 정원사는 부끄럽다. 온몸의 힘을 꽉 주고, 너무 애쓰면서 살아갔던 것은 아닐까.

"천천히 가도 돼, 아가"

정원이가 갖고 태어난 '발달장애'는 지금도 삶을 느리게 흘러가게 한다. 세상과 집의 경계 위에서 받은 상처를 치유하고, 지친 몸을 기댄다. 말없이 온전하게 정원에 잠시 머무른다. 바깥세상에 나가기 전 숨을 고르는 안전한 장소다. 세상은 때로는 차갑고 무정하여 낯설고 두렵다. 높은 담장 안에서 우리만의 다정함으로 사는 게 때로는 편하다. 울타리 밖에선 당연한 것도 당연하지 않다. 상처 입을 것이 두려워 집 밖으로 나서지 못하기도 한다. 세상의 시선은 '다르다, 도와준다, 낯설다, 무섭다'가 뒤섞여 있다.

장애의 첫인상은 그런 것일까.

윗집 누군가 던진 쓰레기를 모아 치워야 하는 일은 아름답지 않다. 화분이 떨어져 깨진 조각에 상처 입기도 한다. 나는 정원이를 위해 묵묵히 쓰레기를 치운다. 나는 오디 열매 빛으로 물든 손끝을 가진 아이, 맨발에 보드라운 흙을 묻힌 아이와 봄을 기다린다. 봄의 정원은 어디에나 있다. 설거지하고 바닥을 닦을 때도, 아이와 길을 걷거나 그네를 탈 때도 햇살은 우리 곁에 머물러 있다. 음악을 듣고 운동을 하며, 잡초를 뽑고 흙냄새를 맡는다. 내면의 조각들이 모여 일상에 녹아든다. 엄마가 아닌 온전한 나로 하루를 숨 쉴 수 있다. 이제 얼어붙은 마음의 창문을 연다. 창밖은 위험하고, 도시의 매연으로 채워져 있다. 창문은 얼어붙어 여는 일이 쉽지 않다. 문을 열어 새벽공기를 마시고, 경계를 열어 살냄새를 맡을 때 진짜 숨을 내쉰다. 온전히 느끼고 거리를 두고 바라본다. 마른풀과 낙엽을 갈퀴로 모으는 이마에 땀방울이 흐른다. 마대에 잡초와 가지를 담는다. 잡초를 뽑아낸 자리에 어린 구근이 뽀얀 살을 드러낸다. 다시 흙을 덮어 톡톡 두드린다. 고개를 들어 하늘을 보니 구름이 천천히 흐른다. 언제나 그랬던 것처럼.

푸른 스펙트럼, 춤추는 느린 비행

푸른 산이 보이는 옥탑 테라스 집은 정원이의 전학 때문에 얻었지만 나만의 작업실이 되기도 한다. 간혹 답답할 때면 탁 트인 테라스에 나가 멀리 산을 지켜보곤 한다. 북향의 테라스지만 산을 마주한 이곳은 늘 서늘하고 시원스럽다. 도시의 한 귀퉁이에 자리한 작은 우주 정거장처럼 쉬어가는 곳. 정원이와 함께하는 여정은 때로는 긴 여행처럼 느껴진다. 테라스에서 함께 산을 바라본다. 산은 멀리서 보면 그저 짙은 초록이지만, 바람이 불면 기지개 켜듯 푸른 이파리들이 저만의 춤을 춘다. 자세히 들여다보면 산은 나무들이 모여 흐르듯 능선을 이루고 있다. 짙은 청록빛의 소나무에서 뒷면이 은빛으로 반짝이는 플라타너스 잎까지. 그 모든 색이 한데 어우러져 흔들리고 춤을 춘다. 나무들이 이 한 가지 색으로 이뤄져 있다면 이런 아름다움은 볼 수 없겠지. 산의 푸른 스펙트럼처럼, 우리 아이들도 저마다의 빛깔을 지닌 채 흔들리고 빛나고 있다.

정원이와 나는 숲 산책을 좋아한다. 아이는 낙엽 밟거나 곳곳의

돌멩이와 솔방울을 만지작거린다. 나무의 춤은 숲 안에서도 만날 수 있다. 하늘을 올려다보면 나뭇잎 사이로 햇살이 춤을 춘다. 어른어른 움직이는 빛의 일렁임에 숲에 안겨 있음을 실감한다. 그 사이에서 서서 정원이의 빛을 무슨 색일지 상상한다. 테라스 너머의 산은 아직 짙은 여름빛, 우리는 아직 이곳의 여름만 알고 있다. 앞으로 산이 다채로운 가을빛으로 물들고, 눈이 내리고, 또 새로운 봄을 맞이하는 순간을 지켜볼 것이 조금 기대된다.

우리는 매일 같지만, 조금씩 다른 비행을 반복한다. 하루의 일과는 같은 듯 보여도 그 결은 조금씩 다르다. 정원이는 또 한 차례의 비행을 마치고 1층 마당의 집으로 귀환한다. 저녁을 먹고 나니, 엄마 손을 이끌고 문을 열어달라 잠금쇠를 하나, 둘, 셋, 넷, 다섯 – 톡톡 친다. 울지 않고 생각을 전하는 입매가 곡선을 그린다. 춤추듯 휘어진 반달눈이 작은 소망을 담고 반짝거린다.

'엄마, 나가요!'

마당에 나가 여름 더위에 손보지 않았던 무성한 잡초를 거둔다. 정원이는 늦여름 벚나무 아래 벤치에 앉아 있다. 건너편 벤치에는 고양이가 털을 고르고 있다. 둘은 서로의 영역에서 같은 시간을 보낸다. 언제나 그렇듯 적당한 거리. 그 사이로 가을을 품은 바람이 분다.

봄이 오면 벚꽃이 한가득 필 것이다. 경계 없는 정원의 꽃은 언제나 피어 있다. 지난봄 벤치에 서서 벚나무 꽃가지를 잡고 입으로 꽃을 느끼던 아이의 모습이 겹쳐 떠오른다. 정원의 식물들도 갓 깨어난 이파리는 특별하다. 아직 햇볕을 제대로 보지 않아 조금 말갛고

투명한 잎이 아기 같다. 말려 있는 잎은 정원이가 태어나던 날 꾹 쥐고 있던 손가락처럼 귀엽다. 무한한 가능성을 쥐고 있는 작은 존재들. 나는 찬찬히 작은 이야기를 귀 기울여 듣는다. 아이는 속삭이듯 몸짓으로 자신의 마음을 전한다.

우리의 이야기는 손끝에 닿아 있다.

안녕.

아니.

가자.

정원이의 몸짓은 모두 하나의 작은 이야기다. 나는 정원이에게 잠든 아이를 옆에 두고 끄적거리던 지나간 자장가를 나지막이 들려준다. 가지런히 놓인 다정한 글자 위에서 엄마만의 꽃이 피어 있다. 자장가를 듣는 아이의 얼굴에는 '웃음꽃'이 피고 손끝에선 '말꽃'이 피어 있다. 그리고 내게는 '글꽃'이 생긴다. 나는 우리의 시간을 기록할 수 있다. 글 위에서 꽃을 만지고 봄을 느끼는 그 순간을 영원히 기억한다.

정원이와 함께 걸어왔던 시간에는 초록 발자국이 묻어 있다. 그 자국을 따라 써두었던 글은 마치 스냅사진처럼 마음속에 살아 숨쉰다. 시간이 흘러 조금 옅어진 순간을 다시 읽으며 고스란히 복기한다. 아이가 태어나고 자라면서 매일의 인상깊은 순간을 기록한다. 기쁨과 슬픔 모두. 활자 위에 남아 있던 지난날의 다정함이 오늘의 아픔을 토닥인다.

그 나지막한 리듬 위에서 나는 하루를 또 여는 힘을 만든다. 때로는 무료한 듯 보여도 꾸준하게 하루를 쌓는 힘. 성실함이 곧 다정함이다.

이제 아이를 돌보고 자신을 다독이는 시간을 적는다. 그리고 자신을 돌보는 그 모든 시간도 조용히 적는다. 더 이상 침묵은 차갑지 않다. 고요한 시간이 나의 자리를 채운다. 글자 위에 흩날리던 작년의 벚꽃이 춤을 춘다. 그 리듬에 맞춰 우리는 또 다른 비행을 기다린다.

날아오를 그 순간을 상상하며.

2024년, 봄, 1층 마당

너와의 이 시간이 참으로 소중하다.
행복은 멀리 있지 않아.

그저 잘 먹고 잘 자고 건강하기만 해도
작은 기쁨을 느낄 수 있는
마음의 한 공간만 있어도 된단다.

내가 심은 꽃도
얼굴 모를 옛 주인이 심었던 꽃도 피는 봄.

콩콩 뛰다가
엄마에게 직진으로 달려오는
우리 예쁜 아가.

작년 가을에 심은
찔레도 꽃망울이 맺히고,
햇살 받으며
잡초랑 묵은 풀을 거두는 작업은
참으로 고요하다.

동네를 보며,
마당의 경계를 허물고
자신만의 작은 산책을 하는 아이.

아, 우리 둘만의
작은 벚꽃놀이는 참 즐겁다.
행복은 '지금 이 순간',
너와 나의 사이
그 가까이에 있다.

맺으며

나는 보통의 하루를 심는 인생정원사입니다

"정원아, 고양이 왔다!"

1층 정원에 손님이 왔다. 한동안 보이지 않아 걱정스러웠던 오랜 친구, 대장 고양이. 가을에 본 뒤 긴 겨우내 모습을 감춰 혹시 추위를 이기지 못하고 무지개별로 간 건 아닐까 마음을 졸였다. 고양이는 주목나무 아래에서 고즈넉이 몸을 말았다. 털을 고르는 모양새가 편안했다. 이곳이 너에게 편한 곳이구나 싶어 고마웠다. 가까이 다가가면 놀라 달아날까 봐 멀찍이서 바라보기만 했다. 매번 풀이 눌려 있던 그 자리에, 녀석은 느긋하게 누워 고개를 기댔다. 아, 너였구나. 이 눌린 자국은 고양이가 다녀간 흔적이었네. 고양이는 이내 잠이 들었다. 문을 조용히 닫아두었다.

정원은 이제 고양이의 것이다.

오후 네 시 반, 고양이의 낮잠이 시작됐다. 정원이가 귀가해 씻는 해 질 녘까지 두 시간 넘게 곤히 잤다. 녀석의 뒤통수는 아이와 닮았다. 여기가 편한 거 같아 나도 괜히 기분이 좋았다. 낮잠을 마친 녀석이 슬그머니 어디론가 갔다. 너의 하루는 이제 시작이겠지. 정원이도 저녁밥 먹을 시간.

아이를 돌보다 보면 식물을 고요히 바라보는 시간마저 잊을 때가 있었다. 미래는 여전히 불투명하고 현실은 고단함이 이어졌으니까. 애써 모아뒀던 낙관의 마음을 잃었을 때는 잡초가 자랐다. 잡초는 마음에도 생기고 정원에도 생겼다. 불안과 걱정이 무럭무럭 자라 그늘이 생긴다. 때로 감당하기 어려운 현실이 눈앞에 닥치면 마음은 길을 잃는다. 그럴 때는 정원을 이야기하고 아이의 세계에 대해 글을 쓰는 나 자신이 비현실적으로 느껴진다. 나는 글 속에서 마음을 고르고 씨앗을 심고 있다. 틈에서 자라난 마음의 잡초는 뽑아도 끝이 없다. 그럴 땐 나무라지 않고, 잠시 내려둔다.

시간이 흘러 꽃잎을 따던 작은 손은 벚나무 열매를 터뜨리며 보랏빛으로 물들었다. 방금까지 흙을 만지작거린 탓에 작은 콧망울에는 흙이 조금 묻었다. 햇빛이 달궈둔 정원의 경계석은 반질반질해서 아이도 고양이도 모두 좋아하는 자리였다. 나는 아이의 손을 놓아도 멀지 않은 곳에서 그 뒷모습을 바라볼 수 있게 됐다. 이곳은 내가 따라갈 수 있는 정도의 넓이였기에 가능했다.

정원이는 자신의 키보다 큰 갈퀴를 요리조리 휘둘러 부스러진 마른풀을 긁는 흉내를 냈다. 엄마가 무언가를 심으면 옆에서 물끄러미 바라보았다. 작은 손에 호미를 쥐여주면 살며시 땅을 긁어보았다. 네모난 사각의 치료실에서 좀처럼 익히기 어려웠던 '모방의 기술'은 이곳에서는 조금 쉽게만 느껴졌다. 그저 즐거웠으니까. 즐거우면 좋았다. 정원은 여전히 아이의 놀이터였다.

마치 고양이처럼 정원이는 마당까지의 영역에서 엄마와 조금 떨어져 자신만의 시간을 보냈다. 나는 정원이의 손을 놓기 어려웠다. 놓는 순간 아이가 다치면 어쩌나 불안했다. 놓으면 엄마로서 책임을 다하지 않을까 싶어 꽉 붙들었다. 여기 경계 없는 1층 정원과 아파트 마당에서 나는 손을 놓고 시간을 공유하는 법을 배우고 있었다. 잠시 떨어져도 괜찮음을 알아가고 있다. 정원이는 어디까지 안심할 수 있는 경계인지 스스로 만들어갔다. 그리고 우리는 같이 손을 잡고 모험을 떠나듯 길을 건너 산책하고 있다. 하루하루의 일과는 하나의 여행과 같았다. 아이만의 느린 비행을 난 응원하고 있다.

정원은 여행이자 작은 모험이었다.
엄마에게도, 아이에게도.

사랑해, 정원아.
나의 꼬마 가드너.
오늘도 우리는 – 보통의 하루를, 천천히 심었다.

협성문화재단
NEW BOOK
프로젝트 총서

정원, 뜻밖의 여정

초판 1쇄 발행 2026년 1월 30일

지은이 선우
발행처 (재)협성문화재단
부산광역시 동구 충장대로160 협성마리나G7 B동 101호 북두칠성도서관
Tel. 051-503-0341 | Fax. 051-503-0342 | E-mail hscf@hanmail.net
제작처 푸른사상사
Tel. 031-955-9111(2) | E-mail prun21c@hanmail.net

© 선우, 2026

ISBN 979-11-308-2356-0 03810
값 18,800원

저자와의 합의에 의해 인지는 생략합니다.
이 도서의 전부 또는 일부 내용을 재사용하려면 사전에 저작권자와 출판사의 서면에 의한 동의를 받아야 합니다.